I0122559

INVENTAIRE

V 22698
(194)

V

INVENTAIRE
V22698
194

PUBLICATION

DE LA

RÉUNION DES OFFICIERS

L'EXPÉDITION

DE KHIVA

PAR

M. WEIL

PARIS

AMYOT, LIBRAIRE-ÉDITEUR

8, RUE DE LA PAIX, 8

—

1874

V
2561
+B 49

L'EXPÉDITION

DE KHIVA

T 2561
+ 3. 49

2? 696

PARIS, IMP. A. DUTEMPLE, 7, RUE DES CANETTES.

PUBLICATION DE LA RÉUNION DES OFFICIERS

L'EXPÉDITION

DE KHIVA

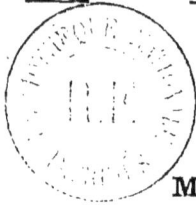

PAR

M. WEIL

PARIS

AMYOT, LIBRAIRE-ÉDITEUR

8, RUE DE LA PAIX, 8

1874

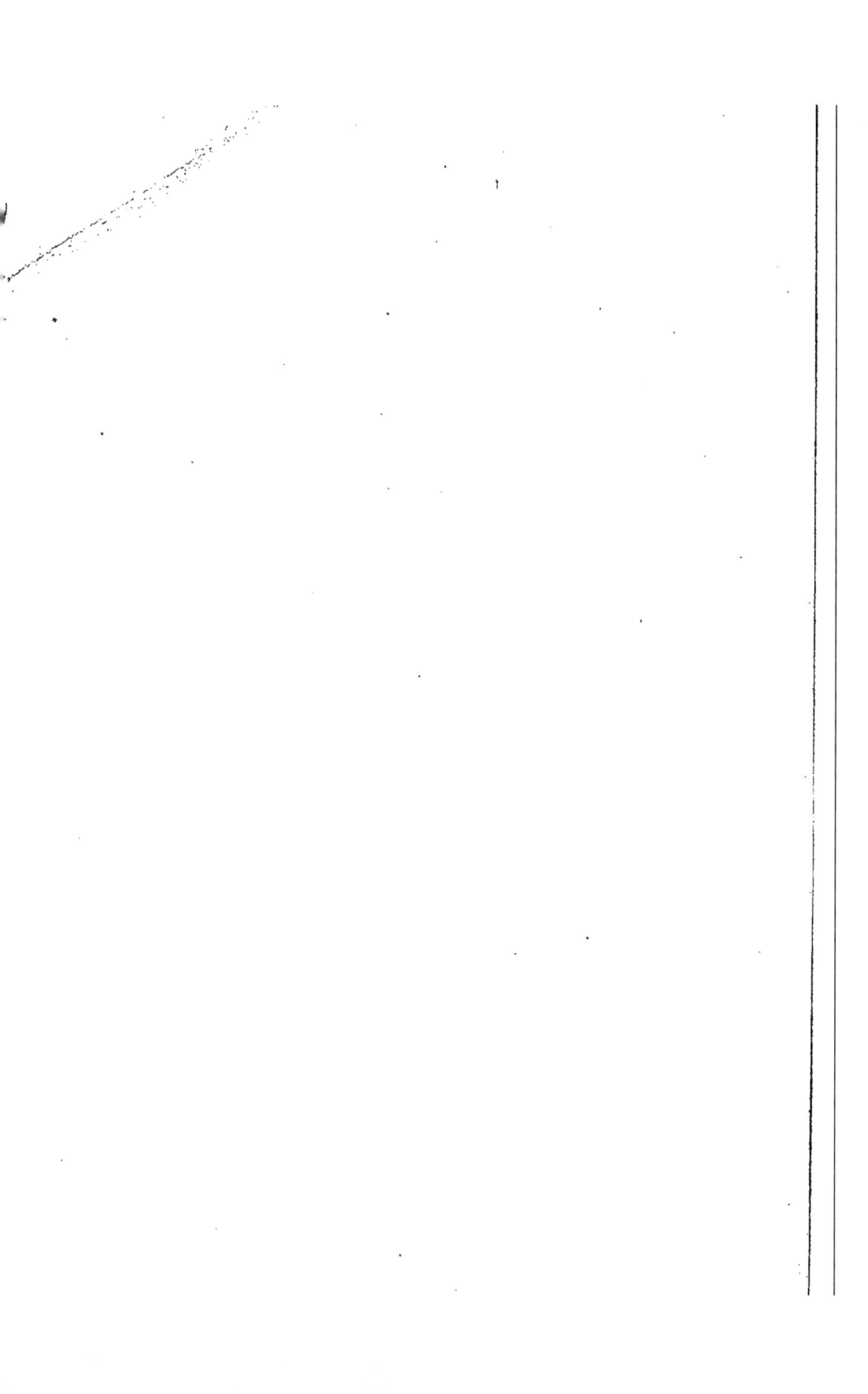

L'EXPÉDITION

DE KHIVA[1]

Le 27 février (11 mars), l'aide de camp général de Kauff-man I, commandant du district militaire du Turkestan, adressait aux troupes placées sous son commandement un ordre du jour qui déterminait la composition d'un des principaux détachements destinés à opérer contre le khan de Khiva.

« La conduite hostile du khan de Khiva, disait-il, a décidé Sa Majesté l'empereur de Russie à infliger à ce prince la juste punition due à ses actes, à porter, dès le commencement du printemps, la guerre dans le khanat, et à pénétrer de deux côtés dans ce pays : du côté de l'est, avec les troupes qui se trouvent sous mon commandement immédiat ; du côté de l'ouest, avec un détachement composé de troupes des gouvernements du Caucase et d'Orenbourg. Ces détachements sont, par la volonté de Sa Majesté l'empereur, placés sous

---

(1) Voir le *Bulletin de la Réunion* n° 19 (10 mai 1873) et n° 20 (17 mai 1873).
Documents consultés : Rapports du général de Kauffman et des commandants des différents détachements, *Invalide russe, Golos, Militair-Wochenblatt, Allgemeine Militair Zeitung, Militærische Blætter*, etc., etc.

mes ordres, du jour où ils auront opéré leur jonction avec mes troupes. »

Le général von Kauffman déterminait, dans ce même ordre du jour, la composition du détachement fourni par le Turkestan et qui comprenait :

1° *Infanterie :* 6 compagnies de tirailleurs, prises dans les 1er, 2e et 3e bataillons de tirailleurs du Turkestan ; le 4e bataillon de tirailleurs du Turkestan ; 3 compagnies du 2e bataillon de la ligne du Turkestan ; 2 compagnies du 4e bataillon ; le 8e bataillon de cette ligne et la compagnie de sapeurs du Turkestan.

2° *Artillerie :* 1 section de la 1re batterie de la 1re brigade d'artillerie du Turkestan ; 1 division de la 2e batterie de la 1re brigade ; la 1re batterie de la brigade d'artillerie à cheval des cosaques d'Orenbourg ; 1 division d'artillerie de montagne ; 1 batterie de fusées.

3° *Cavalerie :* 7 sotnias de cosaques, à savoir : 1 sotnia combinée, 2 de l'Oural, 1 de Szemirtschinske et 3 d'Orenbourg.

Ce détachement se subdivisait, au début de la campagne, en deux colonnes qui devaient, dans le principe, opérer leur jonction aux monts Boukanski, et suivre jusque-là deux routes différentes.

La colonne de Djisak se composait de 6 compagnies prises dans les 1er, 2e, 3e bataillons de tirailleurs ; de 3 compagnies du 2e bataillon de la ligne du Turkestan ; de 2 compagnies du 4e bataillon ; de la compagnie de sapeurs ; d'une section de la 1re batterie de la 1re brigade d'artillerie du Turkestan ; d'une division de la 2e batterie de cette même brigade, de la batterie de la brigade d'artillerie à cheval des cosaques d'Orenbourg ; de 5 sotnias et demie de cosaques et d'une division de fusées.

L'autre colonne, celle de Kasalinsk, comprenait le 4e bataillon de tirailleurs, le 8e bataillon de la ligne, la division d'artillerie de montagne, une sotnia et demie de cosaques et une division de fusées.

L'effectif des compagnies était uniformément fixé à 140 soldats, 12 à 14 sous-officiers et 10 non-combattants. Seules les compagnies du 8e bataillon de la ligne ne devaient compter que 125 soldats, tandis que les compagnies de sapeurs devaient, en y comprenant les sous-officiers, avoir un effectif de 200 hommes.

Le détachement d'Orenbourg se composait, de son côté, de 9 compagnies des 1er et 2e bataillons de la ligne d'Orenbourg, d'un détachement de sapeurs, de 6 sotnias de cosaques d'Orenbourg, de 3 sotnias de cosaques de l'Oural, de 6 pièces d'artillerie à cheval, de 6 chevalets de fusées, de 4 mortiers d'un demi-pud, de 2 canons rayés, destinés à armer l'ouvrage qu'on se proposait d'établir dans les environs du cap Ourgou-Mouroun, sur le lac d'Aïboughir. Le détachement devait se concentrer au poste d'Emba.

Le 3e détachement, celui du Caucase, se composait, comme le 1er, celui du Turkestan, de deux colonnes.

L'une, la colonne de Krasnowodsk, comprenait 12 compagnies d'infanterie, 4 sotnias de cosaques, 16 bouches à feu et quelques chevalets de fusées.

L'autre, la colonne de Mangyschlak, était forte de 12 compagnies d'infanterie, un détachement de sapeurs, 6 sotnias, 200 cavaliers de la milice du Daghestan, 6 bouches à feu et 3 chevalets de fusées.

La première de ces colonnes se concentrait à Tchakichliar;

La deuxième, au golfe de Kinderlinsk.

Comme nous l'avons dit précédemment, toutes ces forces devaient, aussitôt après avoir opéré leur jonction, passer sous les ordres du général von Kauffman.

Le détachement du Turkestan comptait dans ses rangs deux princes de la famille impériale : le grand-duc Nicolas Constantinowitch et le prince Eugène de Leuchtenberg.

Le général-major d'état-major Trozki était le chef d'état-major général du corps d'expédition ; le général-major Jarinow commandait l'artillerie ; le général-major Bardowski, commandant de la brigade de tirailleurs du Turkestan, commandait les tirailleurs du corps ; le colonel Schleifer, le génie ; le conseiller d'État Kaszianow était l'intendant en chef, et le conseiller d'État Ssuworow, le médecin en chef du corps destiné à opérer contre Khiva.

Une section de topographes, des botanistes, des hydrographes et des astronomes suivaient le détachement du Turkestan. Enfin le comité de secours aux blessés militaires avait envoyé des fonds, des vivres et des voitures d'ambulance aux troupes du général de Kauffman.

Avant de commencer à étudier la marche de chacun des détachements, nous croyons devoir résumer en quelques lignes la composition du corps expéditionnaire.

Détachement du Turkestan. — Commandant, général-major Golowatschow.

La colonne de Kasalinsk, jusqu'au moment où elle opérera sa jonction avec la colonne de Djisak, sera placée sous les ordres du colonel Golow.

Ces deux colonnes réunies se composent de 20 compagnies d'infanterie, 7 sotnias de cosaques, 1 compagnie de sapeurs, 18 canons et 8 chevalets à fusées.

Détachement d'Orenbourg. — Commandant, le général-lieutenant Werewkin.

Se compose de 9 compagnies d'infanterie, 9 sotnias de cosaques, 9 canons et 8 chevalets à fusées.

Détachement du Caucase. — Est formé de la colonne de Krasnowodsk, commandée par le colonel Markosow, qui se compose de 12 compagnies d'infanterie, 4 sotnias de cosaques, 16 canons et quelques chevalets à fusées, et de la colonne de Mangyschlak, commandée par le colonel Lomakin et forte de 12 compagnies d'infanterie, 8 sotnias de cosaques, 1 détachement de sapeurs, 6 canons et 3 chevalets à fusées.

La Russie a donc mobilisé pour cette expédition 53 compagnies d'infanterie, 28 sotnias de cosaques, 1 compagnie et 1 détachement de sapeurs, 46 canons, plus de 17 chevalets à fusées ; en tout, 14,000 hommes, sans compter les troupes destinées à assurer le service des étapes de la colonne de Mangyschlak.

Nous allons maintenant suivre chacun de ces détachements dans sa marche et dans ses opérations.

I

Marche et opérations du détachement du Turkestan.

Le 1er mars (13 mars) le premier échelon des troupes de la garnison de Taschkent se mettait en route ; il devait être suivi, vingt-quatre heures après, par les quatre autres échelons, marchant à peu d'intervalle. Les cinq détachements devaient se réunir auprès de Djisak avec les troupes parties de Khodjent et d'Oura-Tioubé (1).

Le détachement de Kasalinsk ne commençait son mouvement que neuf jours après. Le 10/22 mars, neuf compagnies d'infanterie, une sotnia et demie de cosaques, une division d'artillerie de montagne et de fusées partaient les unes de Kasala les autres du fort Perowski, et se dirigeaient sur Irkibaï.

---

(1) En tout 12 compagnies d'infanterie, 5 1/2 sotnias de cosaques, 14 canons et une division de fusées.

Les deux détachements de Djisak et de Kasalinsk devaient opérer leur jonction vers le 3/15 avril dans les monts Boukanski.

Le général de Kauffman en personne et son état-major marchaient avec le détachement de Djisak.

Le 24 mars (5 avril), la colonne de Djisak arrivait à Balta-Saldyr, point situé à peu de distance des frontières septentrionales du khanat de Boukhara. Le général de Kauffman trouvait sur ce point des envoyés de l'émir de Boukhara, venus par ordre de ce prince pour complimenter le général russe.

A la même époque, la colonne de Kasalinsk avait déjà parcouru une distance de 160 verstes. Les troupes dont se composait cette colonne avaient quitté Kasalinsk et Perowski du 10 au 14 mars (22 au 26 mars). Le 21 mars (2 avril) elles se concentraient à Irkibaï, où on leur donnait plusieurs jours de repos. On profitait de cette halte pour fortifier Irkibaï et en faire un point d'étape. Ces ouvrages, établis par ordre du grand-duc Nicolas Constantinowitch, commandant de l'avant-garde de la colonne de Kasalinsk, furent élevés en trois jours par le 8ᵉ bataillon de la ligne, et le 25 mars (6 avril), une compagnie d'infanterie, une sotnia de cosaques, avec deux pièces de dix livres, occupaient le nouvel ouvrage, qui recevait le nom de *Blahowiäschtschenskoje* (1).

_____

(1)   *Correspondances du journal* LE GOLOS.

Camp du puits d'Irkibaï, près du lit desséché du Iana-Darja, 24 mars/5 avril.

Nous nous mîmes en route le 10 mars : nous formions le quatrième échelon du détachement de Kasalinsk. En dix jours, y compris un jour de repos, nous passâmes le delta desséché du Syr-Darja, et le 20 mars nous arrivions à Irkibaï, notre onzième étape, à 224 verstes de Kasalinsk, près du dernier bras méridional du Syr-Darja, qu'on appelle le Iana-Darja. Ce bras est barré dans le district de Perowski; son lit est donc complétement à sec, et c'est là que nous avons installé notre camp. Notre marche s'est fort bien effectuée jusqu'à présent. Nous n'avons que peu de malades et rien que des hommes légèrement atteints. Jusqu'à présent, du reste, les troupes n'ont manqué de rien. Les soldats ont tous

Nous avons vu qu'après avoir quitté Taschkent, Khodjent et Oura-Tioubé le 13 (25 mars), les troupes de la colonne de Djisak s'étaient concentrées à Djisak, sur la rivière de Kly, et avaient commencé, formées en quatre échelons, leur marche sur Khiva. Ces échelons, partis à vingt-quatre heures d'intervalle, étaient commandés par les colonels Kolokolzew, Nowomlinski, Weimarn, et le lieutenant-colonel Tereikowski. Malgré la rigueur de la température (le thermomètre marquait encore 6 degrés au-dessous de zéro), bien que la terre fût couverte d'un pied de neige, et malgré les difficultés qui entravèrent et retardèrent la marche du convoi, les troupes atteignirent le 20 mars (2 avril) le village de Temir-Kou-

des fourrures; on leur donne tous les jours une demi-livre de viande, une ration de vin et enfin pour cent hommes une livre de thé. Chaque compagnie possède douze *kibitka kirghizes* (sorte de tente), dont une pour les officiers, une pour les malades et dix pour les hommes. Les hommes peuvent y allumer du feu et s'abriter ainsi parfaitement contre le froid. La société de secours aux blessés nous rend de grands services : elle a distribué des ceintures et des caleçons de flanelle et nous a donné pendant la marche des vivres frais et des conserves. Notre colonne est suivie par trois mille chameaux, qui ont eu beaucoup à souffrir du manque de nourriture pendant la marche. Outre les subsistances, ces chameaux transportent des mitrailleuses, des équipages de pont, etc. Notre convoi est donc immense. Jusqu'à présent nous n'avons pas encore rencontré l'ennemi. Nous commençons cependant à trouver des traces du passage de brigands khiviens. On me dit que les Khiviens se concentrent sur la rive droite de l'Amou-Darja, près de la forteresse de Chöurakhan, et qu'ils se retranchent aussi dans le delta formé par ce fleuve. Nous avons élevé ici en deux jours un ouvrage de fortification passagère dessiné et tracé par le grand duc Nicolas Constantinowitch, qui a reçu le nom de *Blahowidschtschenskoje* (bon présage) Nous établissons ici un magasin à la garde duquel nous laissons une sotnia de cosaques et deux pièces de place. Avant d'opérer notre jonction avec le détachement de Djisak, nous avons encore à parcourir 200 verstes dans le désert sablonneux et aride de Kisil Koum. Notre première étape est de 100 verstes. On l'a allongée ainsi à cause du manque d'eau. Notre détachement (celui de Kasaliusk) doit opérer sa jonction avec celui de Djisak à la frontière boukhare, sur le versant sud des monts Boukanski, près du puits de Min-Boulak (*). De Min-Boulak à l'Amou-Darja, il y a

(*) Cette jonction a eu lieu le 24 avril.

bouk, village situé à 127 verstes de Djisak, et qui est le dernier lieu habité avant de pénétrer dans le désert de Kisil-Koum. Les troupes y restèrent quelques jours, et le quartier général y fut rejoint par des officiers envoyés par l'émir de Boukhara pour suivre la campagne.

On amena sur ce point des approvisionnements considérables de vivres, de bois de chauffage et de fourrages, et l'on mit à la disposition de la colonne une centaine de chameaux.

Le 24 mars (5 avril) on arrivait au puits de Balta-Saldyr, à 20 verstes de Temir-Koubouk, dans le désert de Kisil-Koum.

Les difficultés qu'avait présentées la marche des derniers jours décidèrent le général de Kauffman à faire suivre à la colonne de Djisak deux routes différentes, l'une au nord, qui passe par les puits de Bisch-Tschapan, Jany-Kasgan et Kidéri,

encore 150 verstes, et pendant les 50 dernières nous aurons à passer par un désert de sable que l'infanterie traversera à dos de chameau. L'eau nécessaire pour la marche sera transportée dans des tonneaux placés également sur les chameaux.

Les Kirghiz nous préviennent à l'instant que le khan se propose de se porter à notre rencontre. Il a réuni environ 17,000 hommes, presque tous Karakalpaks et Turcomans; car les Khiviens sont en général peu belliqueux. Son armée forme quatre divisions, dont l'une marche sur l'embouchure de l'Amou-Darja, probablement sur la forteresse d'Ajanou-Koulou, située près du détroit où le lac d'Aïboughir se réunit à la mer d'Aral. Elle a pour mission évidente d'arrêter la colonne d'Orenbourg, qui, après avoir quitté le poste d'Emba, passe par Karatamak et Kazaïmou, en longeant la côte occidentale de la mer d'Aral. La deuxième division se porte vers le lac de Dau-Kara, sur la rive droite de l'Amou-Darja, pour être à même de soutenir la forteresse de Klutsch et probablement pour s'opposer à la marche de la colonne de Kasalinsk. La troisième division reste dans le khanat, et la quatrième, forte de 7,000 hommes et qui compte dans ses rangs Szadyk, un chef de brigands kirghiz que quelques coups de main tentés sur nos postes ont rendu célèbre, se dirigera probablement sur Min-Boulak (les mille sources) afin de chercher à empêcher la jonction de nos colonnes. Si ces renseignements sont exacts, avant peu nous aurons eu raison des Khiviens. Le 27 mars nous reprenons notre marche et commencerons à traverser le désert de Kisil-Koum.

l'autre au nord, qui passait par les puits de Kosch-Baigi, Baiman-Tapty, Masztschi, Aristan-bel-Koudouk et Mouroun. Les deux colonnes devaient se réunir à Tamdy, à 300 verstes de Djisak, par la route du nord. Mais dès le 28 mars on reconnut que la route du sud était la plus praticable, et le général de Kauffman crut dès ce moment devoir faire suivre cette route unique à toutes ses troupes.

Le 29 mars (10 avril) et les jours suivants, les différents échelons de la colonne de Djisak arrivaient au puits d'Aristan-Bel, où l'on donna aux troupes un repos de quelques jours. Ce point se trouve situé sur l'une des petites collines rocheuses qui traversent le désert de Kisil-Koum, au nord et au nord-ouest, et qui en général possèdent des sources abondantes. On trouva à Aristan-Bel vingt puits.

Arrivé à Aristan-Bel, on s'aperçut que l'on pouvait, sans passer par Tamdy et le Boukan-tau (puits de Boukan) se diriger déjà de ce point vers l'Amou-Darja. On envoya par suite l'ordre à la colonne de Kasalinsk de ne plus chercher à opérer sa jonction avec la colonne de Djisak à Boukan, mais de chercher à se diriger vers le sud-ouest, dans la direction d'Aristan-Bel, et de faire en sorte de rejoindre vers le 12/24 avril (1). La nouvelle route qu'on se proposait de suivre après la jonction des deux colonnes, route que le prince de Leuchtenberg avait reconnue en partie, était de 150 verstes plus courte que celle qui passe par Tamdy et Boukan; elle traverse des localités habitées et permet de trouver plus facilement à se ravitailler de vivres, de fourrages et de bois. Les peuplades qui habitent les régions qu'on allait traverser ne dépendent ni du khan de Khiva ni de l'émir de Boukhara. Elles payent tribut au premier souverain

(1) Le point de jonction fut encore modifié plus tard et reporté à Khala-Ata.

qui vient réclamer les impôts. Du reste, on dirigea sur Tamdy et sur Boukan des détachements de troupes légères destinées à couvrir et à protéger les puits qui se trouvent sur ces points.

Ces dispositions, qui modifiaient sensiblement l'itinéraire primitif du détachement du Turkestan, vont nous obliger à jeter un coup d'œil sur la nouvelle route.

A partir du puits d'Aristan-Bel, où les échelons de la colonne de Djisak étaient arrivés le 29 mars (10 avril), la route passe par les puits de Manamadjan, Karak-Ata, Tchour-Koudouk, Schaidarasz, Djangeldy et Khala-Ata, le lac de Sardoba-Kouldj, pour venir aboutir à Outch-Outchak, à 140 verstes au sud-est de Khiva, sur les bords de l'Amou-Darja. Quant aux puits que nous venons de citer, il est impossible, jusqu'à présent, de préciser la situation exacte de chacun d'entre eux. Cette route traverse des contrées où, d'Aristan-bel-Koudouk à Khala-Ata, on trouve de l'eau en abondance, et sur certains points même des champs cultivés et des jardins. Près des puits de Schaidarasz, la route traverse les monts de Kouldjouk-Tan, à l'extrémité occidentale desquels se trouvent les sources de Djangeldy. A Khala-Ata on trouve une grande quantité de melons; des arbres assez nombreux y entourent les métairies. A partir de ce point jusqu'à Ssardoba-Koulz et Outch-Outchak, et surtout à mesure qu'on se rapproche de l'Amou-Darja, on se retrouve dans des déserts moins sablonneux que ceux que, d'après le premier ordre de marche, on devait avoir à traverser entre Min-Boulak et Chourakhan (1).

La colonne de Kasalinsk reçut par suite l'ordre de quitter les puits de Bakkale, à 150 verstes d'Irkibaï, dans le Bou-

---

(1) Min-Boulak, à 150 verstes nord-est de Chourakhan, qui est situé sur l'Amou-Darja, à 80 verstes à l'est de Khiva.

kan-tau, pour se porter par Tamdy sur Aristan-bel-Koudouk
et suivre, à partir de ce point, la colonne de Djisak, qui s'é-
tait dirigée sur Khala-Ata, point destiné à servir de base
d'opérations au détachement du Turkestan. De Khala-Ata
à Outch-Outchak il y a 80 verstes, et de ce dernier point,
les deux colonnes réunies devaient se porter, en suivant la
rive droite de l'Amou-Darja, sur Chourakhan.

La marche de la colonne de Kasalinsk, de Bakkale à Aristan-
bel-Koudouk ne présenta pas de difficultés trop sérieuses.
L'avant-garde, sous les ordres du grand-duc Nicolas-Constan-
tinowitch, partit d'Irkibaï le 28 mars (9 avril), suivie à un
jour d'intervalle par les 2e et 3e échelons, commandés par le
lieutenant-colonel Omeljianow et le major Drescher. On
laissa dans l'ouvrage de *Blahowiäschtschenskoje* deux compagnies (1).

On entra alors dans le désert de Kisil-Koum en se dirigeant, par les puits de Kisil-Kak et de Bakkale, sur Tamdy
et Aristan-bel-Koudouk ; et le 11 avril (23 avril), dès qu'il
fut informé de l'approche de la colonne de Kasalinsk, le général de Kauffman se mit, avec la colonne de Djisak, en
marche sur Khala-Ata.

Une correspondance adressée à l'*Invalide russe* et datée de
Khala-Ata, 26 avril (8 mai), nous fournit d'intéressants dé-
tails sur la marche du détachement du Turkestan, d'Aristan-
bel-Koudouk à Khala-Ata.

Les troupes russes durent, après avoir quitté Aristan-bel-
Koudouk, traverser le territoire de Boukhara jusqu'à Adam-
Kryhlgan, situé à quarante verstes de Khala-Ata, sur la
frontière des khanats de Boukhara et de Khiva. Les Boukha-
res, loin de s'opposer à la marche des Russes, leur fournirent
au contraire tous les vivres dont ils avaient besoin. A peine

(1) Voir précédemment la note 1, pages 10-12.

entrées en Boukharie, à Karak-Ata, les troupes russes trouvèrent déjà des vivres et des fourrages.

Les 11/23 et 12/24 avril, les troupes de la colonne de Djisak quittèrent Aristan-bel-Koudouk et Ajak. Les troupes de la colonne de Kasalinsk, qui à ce moment étaient arrivées à Tamdy, formaient le troisième échelon du détachement.

Le premier échelon, avec lequel marchait le général en chef, mit onze jours pour aller d'Aristan-bel-Koudouk à Khala-Ata.

Le 11/23 avril, après une marche de vingt-trois verstes, il se trouvait au puits de Manam-djan.

Le 12/24, après une marche de quatorze verstes et demie, au puits de Kinderli.

Le 13/25, après une marche de huit verstes, à Karak-Ata.

Le 14/26, les troupes prirent un jour de repos.

Le 15/27, on fit trente verstes et demie pour arriver au puits de Tchour-Koudouk.

Le 16/28, après une marche de quarante verstes, on atteignit le puits de Sultan-Bibi.

Le 17/29, après une marche de neuf verstes, le puits de Ssully-Kujumdy.

Le 18/30, les troupes se reposèrent.

Le 19 avril (1er mai), on fit huit verstes et demie pour arriver aux sources d'Outch-Koudouk.

Le 20 avril (2 mai), après une marche de vingt-six verstes, on était arrivé aux sources de Djangeldy.

Le 21 avril (3 mai), après avoir parcouru quinze verstes et demie, on arrivait à Khala-Ata, situé à 40°52′52″ de latitude nord et à 33°10′ de longitude ouest de Pulkow.

L'eau n'avait pas manqué pendant cette marche. A Djangeldy on avait trouvé quarante sources ; à Outch-Koudouk, vingt-cinq ; à Khala-Ata, cinquante. Le fourrage abonda également sur certains points. Mais on remarqua néanmoins que les chevaux supportèrent mieux les fatigues et les privations que les chameaux.

Un assez grand nombre de ces derniers périrent entre Tchour-Koudouk et Sultan-Bibi.

L'état sanitaire, malgré une température de 29° Réaumur à l'ombre, était assez satisfaisant. Mais, à cause de la grande chaleur, on faisait sonner la diane à trois heures du matin. Les hommes faisaient alors leur thé, chargeaient les chameaux, et à cinq heures on se mettait en marche. Quand l'étape était courte, on arrivait alors assez tôt au bivac ; mais, parfois, comme dans la marche de Tchour-Koudouk à Sultan-Bibi, l'arrière-garde n'arriva au bivac qu'à trois heures du matin.

A mesure qu'on s'approchait de Khala-Ata, on eut de plus en plus à souffrir du vent, qui, soulevant des tourbillons de sable, rendait la marche des plus pénibles.

Le 23 avril (5 mai), le deuxième échelon de la colonne de Djisak arrivait à Khala-Ata, et le jour même on se mit à commencer un ouvrage destiné à recevoir deux pièces de canon et une garnison d'une compagnie et d'une demi-sotnia.

Le lendemain, 24 avril (6 mai), la colonne de Kasalinsk arrivait, elle aussi. Les deux colonnes avaient opéré dès lors leur jonction, et nous n'aurons plus à nous occuper que du détachement du Turkestan.

Le lendemain, 25 avril (7 mai), l'ouvrage de Saint-Georges était terminé et solennellement inauguré, et l'on y installait de plus un dépôt d'artillerie et du génie et une ambulance pour trente malades.

Dans la nuit du 23 (5 mai) au 24 avril (6 mai), une patrouille khivienne, de trente hommes environ, s'était avancée jusqu'à peu de distance du camp russe ; mais elle s'était retirée sans combat. C'est là la première alerte qu'ait eu à subir le détachement du Turkestan.

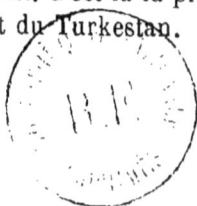

2.

L'*Invalide russe* du 31 mai (12 juin), contenait d'ailleurs des nouvelles intéressantes.

De Khala-Ata et du fort de Saint-Georges à l'Amou-Darja, il y a environ cent vingt verstes à faire dans un pays sablonneux et dans lequel l'eau paraît devoir être rare. On disait de plus que les Khiviens s'étaient concentrés auprès d'Outch-Outchak.

Aussi le général de Kauffman prit-il aussitôt les dispositions suivantes :

Une colonne, forte de 12 compagnies, 8 pièces à cheval, 4 pièces de montagne, 2 mitrailleuses, 1 batterie de fusées et 4 sotnias de cosaques, devait en deux jours atteindre les bords de l'Amou-Darja. Le premier jour elle devait arriver jusqu'à Adam-Kryhlgan ; le deuxième jour jusqu'à Outch-Outchak. Cette colonne devait laisser ses bagages au fort Saint-Georges. Une avant-garde, envoyée jusqu'à Adam-Kryhlgan, devait y creuser des puits, reconnaître la route et envoyer des patrouilles de découverte du côté de l'Amou-Darja.

Le 27 avril (9 mai), à trois heures et demie du matin, le général-major Bardowski se mit en marche avec 2 compagnies de tirailleurs, 1 compagnie de sapeurs, 4 pièces de montagne, 2 mitrailleuses et une demi-sotnia de cosaques. Ses troupes emportaient avec elles de l'eau pour cinq jours. Il fit faire neuf verstes à son détachement, puis on s'arrêta pour reprendre la marche, formée de la façon suivante : en tête, un guide kirghiz, puis le lieutenant-colonel d'artillerie Iwanow et le lieutenant-colonel d'état-major Tichmenew, avec quatre cosaques et neuf ordonnances indigènes ; à une demi-verste plus loin venait une patrouille de huit cosaques et un peloton de tirailleurs ; puis, plus en arrière, le gros.

A huit heures et demie du soir, à dix-huit verstes de Khala-Ata, les officiers et les soldats qui marchaient en avant furent attaqués par cent cinquante Khiviens. Ces quelques hommes mirent pied à terre. Les Khiviens s'approchèrent jusqu'à quinze pas de ce petit groupe, qu'ils n'osèrent charger ; mais leurs coups de feu blessèrent les deux colonels et sept hommes. L'arrivée du peloton de tirailleurs les décida à se retirer en laissant sur le terrain huit morts et six blessés.

Dès qu'il fut informé de cette escarmouche, le général de Kauffman prit les dispositions suivantes :

Le 28 avril (10 mai), le lieutenant-colonel Glawaski devait, avec trois sotnias de cosaques et une batterie de fusées, partir de Khala-Ata pour rejoindre le détachement du général Bardowski, qui s'était arrêté sur le lieu du combat ; renvoyer, sous l'escorte d'une sotnia, les blessés au fort Saint-Georges ; s'avancer avec les deux autres sotnias et la batterie de fusées jusqu'à Adam-Kryhlgan ; reconnaître le terrain en avant, en chasser les détachements ennemis et revenir ensuite au camp.

Le lendemain, le lieutenant-colonel Glawaski revenait au camp et annonçait au général en chef que, tant sur la route jusqu'à Adam-Kryhlgan, qu'au delà de ce point, il n'avait rencontré aucun détachement ennemi, mais qu'il avait trouvé des traces de mouvements effectués dans les directions les plus diverses.

On apprit en même temps que c'étaient des Tourkmènes qui avaient attaqué les deux colonels, et que le gros de l'ennemi, composé principalement de Tourkmènes, avait pris position sur les bords de l'Amou-Darja.

Le 29 avril (11 mai), le général en chef fut informé par le général Bardowski que le détachement placé sous les ordres de cet officier général avait commencé à forer des puits, et qu'on avait trouvé de l'eau en abondance.

D'après les ordres du général en chef, le reste des troupes dont se composait le premier échelon, soit 4 compagnies de tirailleurs, 5 compagnies de la ligne, 8 pièces d'artillerie à

cheval et une demi-sotnia de cosaques, reçut, le 30 avril
(12 mai), l'ordre de marcher sur Adam-Kryhlgan et de se
réunir au détachement d'avant-garde du général-major Bardowski. Ce détachement devait alors se porter aussi rapide-
ment que possible sur l'Amou-Darja.

Dès le moment où le détachement se serait emparé d'un
point qui permettrait de franchir l'Amou-Darja, il devait être
suivi par le reste des troupes du Turkestan.

Tout le corps devait alors marcher, par Outch-Outchak,
sur Chourakhan et continuer sa marche offensive.

Le 30 avril (12 mai), les troupes désignées par le général
en chef quittaient Khala-Ata à une heure du matin et, après
une marche pénible de quarante verstes, elles arrivaient à
minuit à Adam-Kryhlgan.

Le 2/14 mai, avant l'aube, les troupes campées à Adam-
Kryhlgan furent obligées de prendre les armes, et dès que le
jour parut, on vit des bandes de Tourkmènes s'approcher du
camp au sud et à l'ouest. Les Tourkmènes ouvrirent le feu,
tandis que les tirailleurs russes les laissaient approcher à
bonne portée et, par quelques salves bien envoyées, les obli-
gèrent aussitôt à s'enfuir.

Afin de donner aux hommes et aux animaux le repos nécessaire, et afin de se procurer à Adam-Kryhlgan la plus
grande quantité possible d'eau, le général de Kauffman ne
donna que le 3/15 mai l'ordre de continuer la marche. A
une heure du matin, les troupes levèrent le camp; à deux
heures, elles se mettaient en route, mais le mouvement ne
s'achevait guère complétement qu'à quatre heures du matin.

A neuf heures et demie du matin, la tête de colonne s'arrêta, après avoir parcouru 20 verstes 1/2; on devait se reposer
six à sept heures et se remettre en route à quatre heures de
l'après-midi; mais comme l'arrière-garde, retardée par la
marche si lente et si pénible des animaux de bât à travers

ces collines et ces vallées de sable, n'arriva à la halte qu'à cinq heures de l'après-midi, on dut prolonger cette halte de six heures, retarder le moment où l'on arriverait à l'Amou-Darja et économiser l'eau. Depuis deux jours les chameaux n'avaient pas bu, la provision d'eau destinée aux hommes et aux chevaux était presque réduite à néant, et l'on avait encore deux jours de marche pour arriver à l'Amou-Darja. Il est vrai de dire qu'au nord d'Outch-Outchak, à 10 verstes de la halte, on trouve les puits d'Alty-Koudouk; mais, outre leur profondeur considérable (15 à 18 sagènes) (1), ces puits ne donnent que fort peu d'eau.

Le général de Kauffman conduisit cependant son détachement entier à Alty-Koudouk, où toutes ses troupes firent halte le 3/15 mai.

Mais le lendemain, dès trois heures et demie du matin, il fit partir pour Adam-Kryhlgan, sous les ordres du général-major Bardowski, trois compagnies et demie d'infanterie, tous les chameaux du détachement, toute la cavalerie, qui cependant était arrivée seulement à neuf heures du soir à la halte et avait fait environ 80 verstes en un jour, les chevaux des officiers et les chevaux d'artillerie. Les bagages restaient à Alty-Koudouk. Les chameaux n'étaient porteurs que d'outres et de tonneaux vides. Le général Bardowski devait faire creuser à Adam-Kryhlgan le plus de puits possible.

Les troupes du général Bardowski arrivèrent à destination le 4/16 mai au soir, et quarante-huit heures plus tard, le 6/18 mai, on avait déjà creusé plus de soixante puits nouveaux. On commença alors, le jour même et les deux jours suivants, à faire la provision d'eau, et l'on put pendant ce temps abreuver les chevaux et les chameaux plusieurs fois par jour. Enfin, le 8/20 mai, à trois heures de l'après-midi,

---

(1) 1 sagène = 2^m.13.

le général Bardowski, ayant terminé ses approvisionnements, se remettait en marche pour Alty-Koudouk, où il arrivait le lendemain, 9/21 mai, à sept heures du matin.

Pendant ce temps, le général de Kauffman avait eu à soutenir, le 6/18 mai, à Alty-Koudouk, un petit combat contre 450 Tourkmènes et Khiviens commandés par Szadyk. Deux sotnias, la batterie de fusées et une compagnie suffirent pour repousser l'ennemi en lui infligeant des pertes considérables. D'après les révélations d'un déserteur, Szadyk était parti d'Outch-Outchak, se dirigeant sur Adam-Kryhlgan, avec l'ordre d'inquiéter la marche du détachement russe.

Pendant ce temps, les chameaux continuaient à crever à chaque instant. La colonne, partie de Khala-Ata avec 2,800 de ces animaux, n'en possédait plus que 1,140. Il devenait, par suite, impossible de transporter plus loin les bagages, qu'on ordonna de laisser à Alty-Koudouk, sous la garde de deux compagnies et d'une division d'artillerie.

Les dix autres compagnies, dix pièces de canon et une sotnia se mirent en marche avec le général en chef, le 9/21 mai, à trois heures du matin. Les cinq sotnias de cosaques et la batterie de fusées, qui étaient restées avec le lieutenant-colonel Glawasky à Adam-Kryhlgan, ne devaient partir d'Alty-Koudouk que vingt-quatre heures après le départ du gros des troupes, se porter ensuite en une seule marche sur les bords de l'Amou-Darja, et s'y réunir à l'infanterie bivaquée sur la rive droite de ce fleuve.

Le gros des troupes fit, de trois heures et demie du matin à huit heures du soir, 20 verstes avant de bivaquer. Un détachement ennemi esquissa une attaque pendant la marche, mais se dispersa avant que les troupes eussent fait feu. Le lendemain, 10/22 mai, à trois heures du matin, on levait le camp et, dès que le jour parut, la colonne se remit en marche. Les

difficultés que la colonne rencontra dans sa marche obligè-
rent le général en chef à lui faire faire halte à huit heures
du matin, bien qu'on n'eût parcouru que 12 verstes. Le général en chef, s'attendant à chaque instant à être attaqué par
l'ennemi, tenait beaucoup aussi à ménager les forces de ses
soldats. On fit manger les chameaux et les chevaux. Les
hommes firent le thé. A deux heures de l'après-midi, on se
remit en route, et à six heures, après avoir encore fait
10 verstes, on bivaqua de nouveau. Mais les troupes étaient
à peine installées que les Khiviens les attaquèrent de tous
côtés. Cette attaque vint se briser contre les tirailleurs russes.
Le feu dura cependant toute la nuit, et dès que l'obscurité
fut venue, les Russes purent apercevoir de trois côtés différents les feux de bivac des Khiviens.

Le 11/23 mai, le détachement continua son mouvement
sous les yeux mêmes de l'ennemi; à droite et à gauche de la
route, et en tête de la colonne marchaient deux compagnies
du 1er bataillon du Turkestan. Chacune de ces compagnies
avait déployé un peloton en tirailleurs, et l'on se trouvait ainsi
couvert par une ligne continue de tirailleurs, dont on avait
ramené un peu en arrière l'aile droite et l'aile gauche.
Derrière le gros du bataillon, venait une division d'artillerie
à cheval. A droite de cette artillerie, la compagnie de sapeurs
et la compagnie de tirailleurs du 8e bataillon de la ligne, avec
deux mitrailleuses ; à gauche, deux compagnies du 4e bataillon de la ligne avec deux pièces de montagne. Les animaux de bât venaient immédiatement après les troupes, escortés en tête, sur les flancs et en queue, par un peloton pris dans
deux compagnies du 4e bataillon de tirailleurs du Turkestan
et dans deux compagnies du 2e bataillon de la ligne, ainsi
que par deux canons de montagne placés à l'arrière-garde.
Les cinq sotnias et la batterie de fusées arrivèrent, comme on
leur en avait donné l'ordre, au moment où la colonne se pré-

paraît à se remettre en marche. On l'attacha à l'arrière-garde en la chargeant de veiller sur le convoi.

Ainsi formées, les troupes se dirigèrent sur Outch-Outchak.

Au moment même où l'on donnait l'ordre de reprendre la marche, l'ennemi attaqua de toutes parts, mais sans succès. Le feu bien dirigé des tirailleurs postés en tête et sur les flancs de la colonne le tint à distance respectueuse. On fit ainsi environ trois à quatre verstes. Ce fut alors que l'ennemi tenta de se précipiter sur le convoi.

Mais le général-major Golowatchew, commandant du détachement, avait déjà auparavant donné au lieutenant-colonel Glawaski l'ordre de diviser en deux chacune de ses cinq sotnias et de les disposer à droite et à gauche du convoi. Cependant, comme l'ennemi paraissait se concentrer surtout du côté droit, le lieutenant-colonel fit revenir sur le flanc droit les demi-sotnias de gauche. L'ennemi crut, qu'on se préparait à le charger et se retira en toute hâte. Le général de Kauffman avait d'ailleurs défendu à la cavalerie et à l'infanterie de poursuivre l'ennemi et de l'attaquer. Il avait également donné l'ordre de ne faire feu qu'aux petites distances. Jusqu'à huit heures du soir, les Russes continuèrent leur marche au milieu des Khiviens. Mais à ce moment, alors que le détachement arrivait presqu'au lac Sardaba-Kouldj, l'ennemi se retira en toute hâte derrière le Tchink qui séparait encore les Russes de l'Amou-Darja. Seul, un petit détachement resta encore au pied du Tchink, mais quelques obus ne tardèrent pas à l'obliger à la retraite.

Le général de Kauffman savait depuis longtemps que l'ennemi avait établi un camp derrière le Tchink, sur les bords mêmes de l'Amou-Darja. On pouvait donc s'attendre à le voir se défendre sur ce point. Par suite, le général en chef fit gravir le Tchink par sa cavalerie, qui s'était d'abord concentrée sur la droite, près du lac Sardaba-Kouldj, sur la route de Chourakhan. Le général Golowatchew avec l'infanterie et l'artillerie de montagne devait suivre la cavalerie. Le convoi et l'artillerie à cheval restaient provisoirement au lac de Sardaba-Kouldj. A peine arrivé en haut du Tchink, le général en chef vit que, loin de songer à résister, l'ennemi s'enfuyait à la hâte dans la direction de Chourakhan. On lança à sa poursuite quelques cavaliers, qui atteignirent son arrière-garde à huit verstes du camp ; mais, l'épuisement des chevaux ne permit pas de pousser plus loin la poursuite.

La cavalerie resta sur le point même où elle avait atteint l'ennemi. Le général en chef retourna vers le gros des troupes, qui, quittant le lac Sardaba-Kouldj, vinrent s'installer dans le camp abandonné par les Khiviens.

Le détachement du Turkestan avait ainsi atteint son premier objectif principal, l'Amou-Darja et le petit combat du 11/23 mai ne lui avait pas même coûté un seul homme.

D'après le dire des prisonniers, le khan de Khiva avait, pour fermer aux Russes la route de l'Amou-Darja, réuni auprès de Outch-Outchak environ 3,500 hommes. 1,500 d'entre eux, dont 500 Tourkmènes et 500 Kyrghiz, commandés par Szadyk, étaient sous les ordres du divan-beghi Mohammed-Niaz, les autres obéissaient au divan-beghi Mohammed-Mourad. Dès qu'on apprit que les Russes partaient également de la mer d'Aral pour attaquer Khiva, on détacha de ces corps 1,000 hommes pour garder le delta de l'Amou-Darja ; mais on les remplaça aussitôt à Outch-Outchak par de nouvelles troupes. Les Tourkmènes qui avaient attaqué les Russes le 27 avril/9 mai et le 2/14 mai étaient, disaient-ils, commandés par Soupak.

Le 13 mai, la tête de colonne des troupes du Turkestan, partit d'Outch-Outchak ; elle avait ordre de descendre l'Amou-Darja, et le 16 mai elle arrivait à Ak-Kamysch, point situé à une journée de marche de Chourakhan. La flotille à rames (1), composée d'une caïque enlevée aux Khiviens et de trois barques en fer, accompagnait le détachement. Elle transportait les parcs d'artillerie et du génie.

Le 16 mai, pendant la marche de Birzian-Tougaï à Ak-Kamysch, la flottille fut accueillie, à hauteur de Pitniak, à coups de fusil et de canon partis de la rive gauche. Mais l'ennemi se retira presque aussitôt et la flotille continua sa marche après avoir enlevé quelques embarcations aux Khiviens.

A peine arrivé à Ak-Kamysch, on apprit que le camp ennemi se trouvait sur la rive gauche, à sept verstes du camp russe, près du passage de Schéik-Aryk et qu'une caïque venait de débarquer sur la rive droite, à quatre verstes environ des Khiviens envoyés pour faire du bois. On fit partir aussitôt quelques cosaques de la 12e sotnia d'Orenbourg, qui s'emparèrent de la caïque et ramenèrent un prisonnier.

Le général en chef de Kauffman, accompagné de Leurs Altesses Impériales et suivi de son escorte, partit peu après pour reconnaître en personne le camp ennemi, assis sur la rive opposée, dans une position bien fortifiée. Il contenait, comme on le sut plus tard, les troupes du divan-beghi Mat-Mourad, qui, après avoir été battues au lac Sardaba-Kouldj, avaient passé l'Amou-Darja et avaient été rejointes, à Schéik-Aryk, par des troupes fraîches.

Le camp contenait en tout 4 à 5,000 hommes, 4 pièces de canon correspondant, en dimension, aux anciennes pièces russes de 6 et de 12 et quelques fauconneaux.

Ce camp, de 4 à 500 sagènes, était pourvu, à l'aile droite, d'une fortification avec embrasures et créneaux, placée sur

(1) Nous consacrerons plus loin une place particulière à la flottille de la mer d'Aral.

un mamelon escarpé. A partir de ce point et parallèlement à la rivière s'étendait une ligne de tumuli sablonneux.

Les Khiviens ouvrirent sur la reconnaissance le feu de leur mousqueterie et de leurs fauconneaux, feu qui ne fit aucun mal aux Russes et auquel on ne daigna même pas répondre. Ce silence fit reprendre courage à l'ennemi, et l'on put alors remarquer des masses compactes à l'aile gauche. Le général-major Golowatchew fit envoyer dans cette direction quelques obus, qui mirent le désordre dans les rangs des Khiviens. Ceux-ci prirent aussitôt la fuite en s'abritant derrière les accidents de terrain.

Cette canonnade, dirigée par le commandant d'artillerie du détachement, le général-major Jarinaw, nettoya complétement la rive gauche du fleuve dans les environs de Schéik-Aryk.

La flottille russe s'avança alors et visita le camp abandonné, quelques instants auparavant, par l'ennemi.

Lorsque le général en chef eut quitté le camp, on expédia, pour renforcer son escorte, une sotnia de l'Oural, une demi-sotnia de Sémiretchinsk et une demi-batterie de fusées. Afin d'examiner le camp ennemi, où l'on remarquait un mouvement des plus actifs, le général de Kauffman s'arrêta sur le bord de la rivière, vis-à-vis du centre de la position.

L'ennemi ouvrit alors le feu de ses canons et de ses fauconneaux, tirant d'élévation et envoyant quelques coups à ricochet. Bien que ses pièces fussent parfaitement pointées, les boulets khiviens ne touchèrent personne.

Pendant ce temps la flottille avait remonté l'Amou-Darja jusqu'à 20 verstes d'Ak-Kamysch. Enfin, à six heures du soir, le général en chef lui envoya l'ordre de mouiller près de la rive droite et lui donna, comme protection pendant la nuit, une sotnia de cosaques de l'Oural.

Afin de faciliter la descente de la flottille en vue du camp

ennemi, le général en chef ordonna au général-major Golowatchew de quitter, le 29 mai, au matin, le bivac avec quatre
pièces à cheval et quatre pièces de montagne, soutenues par
deux compagnies et la moitié de la 2ᵉ compagnie du 1ᵉʳ bataillon de tirailleurs du Turkestan, et d'aller se mettre en
batterie vis-à-vis du camp, qu'il devait canonner vigoureusement, afin de protéger le passage des embarcations.

Dès que le général Golowatchew commença à se déployer
en ligne de bataille, les Khiviens ouvrirent le feu contre lui.
Les Russes se mirent aussitôt en batterie, démontèrent une
des pièces ennemies, et les servants des autres pièces, ayant
subi de grandes pertes, les abandonnèrent et prirent la fuite.
Au bout d'une heure et demie la canonnade s'apaisa des deux
côtés, sans que, malgré tous ses efforts, l'ennemi eût pu rassembler de nouveau les servants des pièces. L'ennemi consa-
cra alors tous ses efforts à enlever ses pièces, et après avoir
éprouvé de grosses pertes, il parvint enfin à les emmener.

On sait que le général de Kauffman avait d'abord l'inten-
tion de passer l'Amou-Darja en aval de Chourakhan, vis-à-
vis de Chanki (1); mais à la suite du combat d'artillerie du
17 mai, lorsque les Khiviens eurent été repoussés de leurs
positions de Schéik-Aryk et qu'on leur eut enlevé des moyens
suffisants de passage, le général-major de Trotsky, chef
d'état-major de l'expédition, rendit compte au général en
chef de la possibilité et des avantages d'un passage de rivière à Schéik-Aryk. Après avoir examiné cette idée avec
cet officier général, le général de Kauffman en conclut que
le passage de l'Amou-Darja à Schéik-Aryk offrait les avantages suivants :

1º L'ennemi, refoulé de sa position par l'artillerie russe,
s'étant mis en retraite et ayant disparu, le passage pouvait

1) Chanki, sur la rive gauche de l'Amou-Darja, à 56 verstes de Khiva.

ici s'effectuer sans pertes, tandis que l'on ne savait pas encore ce qu'il pouvait préparer au passage devant Chanki.

2° En passant sur la rive gauche à Schéik-Aryk, les troupes russes entraient aussitôt dans la zone cultivée, fertile et peuplée du khanat. Jusqu'à Chanki, il aurait fallu encore deux journées de marche et passer la rivière avant d'arriver à une oasis.

3° Le passage de la rivière à Schéik-Aryk rapprochait les Russes des troupes et des bagages qu'ils avaient été forcés de laisser en arrière.

4° La route d'Ak-Kamysch à Chourakhan, s'éloignant de la rivière, séparait les troupes de la flotille depuis Ak-Kamysch jusqu'à Chanki.

Le général en chef résolut donc de porter ses troupes sur la rive gauche de l'Amou-Darja, à Schéik-Aryk. Le passage commença le 18/30, et dans la soirée du 22 mai/3 juin on avait transporté sur la rive gauche douze compagnies, la sotnia combinée d'escorte du général en chef, douze canons, le quartier général, l'état-major du détachement, les parcs d'artillerie et du génie et l'ambulance de campagne.

Le général en chef laissa pour quelque temps sur la rive droite, et sur le point même du passage, les cinq sotnias de cavalerie et la batterie de fusées.

Dès le 16/28 mai, jour de son arrivée à Ak-Kamysch, le général en chef avait reçu des députés envoyés par les habitants de Chourakhan, pour apporter leur soumission et lui adresser des plaintes contre les troupes khiviennes qui, défaites à Outch-Outchak, avaient, en suivant la rive droite de l'Amou-Darja, pillé la ville et dévasté le grand bazar de Chourakhan. Afin de tranquilliser les habitants, le général en chef envoya la cavalerie du lieutenant-colonel Glawatsky d'Ak-Kamysch à Chourakhan, où elle resta les 19, 20 et

3.

21 mai (31 mai, 1er et 2 juin); elle revint le 22 au point de passage.

Mais la tranquillité de Chourakhan ne sera complète que lorsque la ville sera protégée par une garnison contre les bandes de brigands envoyées pour piller la ville.

Après avoir passé l'Amou-Darja à Schéik-Aryk, le général de Kauffman établit ses troupes sur les points mêmes que l'ennemi avait occupés.

Il voulait y attendre l'arrivée de ses chameaux, la jonction des troupes laissées en arrière avec sa tête de colonne, enfin des nouvelles du détachement d'Orenbourg.

Mais un long séjour à cet endroit présentait de graves inconvénients. Le terrain était argileux, exposé au soleil et complétement aride. Aussi dès le 21 mai/2 juin, il envoya le général Trotsky choisir un emplacement où le détachement pût établir son camp. Parti avec deux compagnies et deux pièces, cet officier général choisit un emplacement dans des oasis sur la route de Khasar-Asp, à trois verstes de la position de Schéik-Aryk.

Dès que l'ennemi se fut retiré de Schéik-Aryk sur Khasar-Asp et Khiva, dès que les troupes russes eurent passé sur la rive gauche du fleuve, les habitants de Pitniak (1) et des villages voisins se présentèrent au camp russe pour y vendre du bétail, de la farine, des fourrages, etc., etc.; mais cela ne dura ainsi que jusqu'au 22 mai. En effet, le divan-beghi Mat-Niaz, parti de Khiva à la tête d'un parti khivien, était arrivé à Khasar-Asp, avait puni les habitants entrés en relations commerciales avec les Russes, avait enlevé les habitants des villages situés autour de Khasar-Asp, et les avait

_____

(1) Pitniak, à 86 verstes à l'est de Khiva, sur la rive gauche de l'Amou-Darja.

forcés de venir s'enfermer avec lui dans la citadelle de
Khasar-Asp.

Le même jour, 22 mai, tous les corps du détachement
russe envoyèrent des fourrageurs escortés par deux compagnies, deux pièces de montagne et la sotnia combinée,
sous les ordres du lieutenant-colonel Czazkowski. Arrivé au
village de Schéik-Aryk, on fit halte et l'on requit les quelques
habitants pour transporter les fourrages au camp. C'est ainsi
que les Russes apprirent l'arrivée de forces khiviennes à
Khasar-Asp et la défense faite à chacun de se rendre au
camp.

Pour vérifier ses renseignements et pour couvrir ses fourrageurs, le lieutenant-colonel Czazkowski, s'avança sur la
route de Khasar-Asp avec ses deux compagnies, les deux pièces
de montagne et une demi-sotnia, laissant à un capitaine le
commandement des fourrageurs. Il vit en effet au loin des
chariots se diriger en toute hâte vers Khasar-Asp, sous l'escorte de cavaliers armés. Afin d'arrêter ces chariots, il fit
prendre le trot à une demi-sotnia, qui fut reçue à coups de
fusil. Il porta alors en avant une chaîne de tirailleurs et
donna à son détachement entier l'ordre de marcher vers le
point où l'on entendait la fusillade. Il vit alors paraître sur
la route et des deux côtés de cette route un nombre assez
considérable de cavaliers et de fantassins qui cherchèrent à
l'arrêter par leur feu. La nature accidentée du terrain, composé depuis ce point jusqu'à Khiva, de vergers, de champs,
de villages, sillonné par de nombreux canaux d'irrigation,
retardait forcément la marche des troupes.

La route elle-même forme un ruban long et étroit, mais
assez large cependant pour permettre d'y faire passer l'artillerie et le train. Après avoir escarmouché et tiraillé pendant quatre verstes, le détachement déboucha sur une clai-
rière dont la lisière opposée était fortement occupée par

l'ennemi. Des cavaliers couvraient la route ayant sur les côtés de cette route quatre fauconneaux et sur leurs flancs des fantassins et des cavaliers. Les Russes avaient devant eux plus de 1,000 hommes. Après avoir renforcé ses tirailleurs, le lieutenant-colonel Czazkowski avança avec ses troupes à bonne portée et fit ouvrir le feu à ses pièces de montagne.

L'ennemi se retira aussitôt, mais comme le soir approchait et qu'il n'avait pour mission que de fourrager, le lieutenant-colonel s'arrêta sur la position qu'il occupait, sans poursuivre l'ennemi. Il y resta jusqu'à cinq heures du soir, et voulant rentrer au camp avant la nuit, il se remit en marche pour effectuer sa retraite. Dès ce moment, les Khiviens recommencèrent à l'inquiéter et leurs cavaliers s'approchèrent assez près des tirailleurs. Le lieutenant-colonel Czazkowski arrêta plusieurs fois son détachement et, lui faisant faire volte-face, culbuta les bandes de cavaliers.

Il fut alors rejoint par une compagnie du 4ᵉ bataillon de la ligne et une compagnie du 1ᵉʳ bataillon de tirailleurs avec lesquelles se trouvaient les princes. L'ennemi s'aperçut de l'arrivée de ces troupes, se replia petit à petit, pour disparaître peu après complétement. A huit heures et demie le détachement rentrait au camp, mais il avait eu dans cette affaire un officier blessé grièvement.

En même temps on apprit, par des Persans qui s'étaient enfuis de Khasar-Asp, que le divan-beghi Mat-Niaz (ou Mohammed-Niaz) y rassemblait les habitants, les forçait de prendre les armes et semblait décidé à se défendre dans la ville.

Le général en chef donna donc l'ordre à toutes les troupes du détachement, moins trois compagnies et quatre pièces d'artillerie à cheval qu'il laissa à Schéik-Aryk, de se porter dès le point du jour, le 23 mai, sur Khasar-Asp, située à environ seize verstes du camp. Le général en chef, les princes, l'état-major et le quartier général marchaient avec les troupes. A huit heures du matin on était arrivé près des murs de la ville. Les Khiviens, établis dans les vergers qui l'avoisinent, avaient ouvert le feu contre l'extrême avant-garde. Mais comme les Russes continuaient à avancer, dès que leurs têtes de colonne débouchèrent des vergers, l'ennemi se retira aussitôt, et les troupes du général de Kauffman occupèrent la ville sans coup férir.

La ville avait été complétement dévastée, et les habitants vinrent demander l'*aman* au général en chef. Celui-ci nomma administrateur temporaire de Pitniak et de Khasar-Asp le lieutenant-colonel d'artillerie Ivanow, auquel il prescrivit de convoquer les notables (alsakals, kadis, mirabbs), de leur ordonner de continuer leurs fonctions et d'engager les habitants à retourner dans leurs foyers et à reprendre leurs occupations.

On trouva dans la citadelle de Khasar-Asp quatre canons de bronze, trois d'un calibre correspondant à l'ancienne pièce de 12, et un à la pièce de montagne de 4.

Ils étaient sans affût et avaient servi récemment. L'ennemi avait également abandonné dans la citadelle trois trains de trois fauconneaux, un dépôt de munitions d'artillerie, quarante-trois fauconneaux, mille puds de froment, huit cents puds de fourrage et six cent quatre-vingts puds de riz.

Après avoir nommé le lieutenant-colonel Priny commandant de Khasar-Asp, et y avoir laissé trois compagnies et deux pièces de montagne, le général de Kauffman reprit la route de Schéik-Aryk et alla camper avec le reste de ses troupes dans les vergers, à moitié chemin de Khasar-Asp à l'Amou-Darja.

Pendant que le détachement marchait sur Khasar-Asp, le

général en chef avait rencontré un envoyé du khan porteur d'une lettre par laquelle celui-ci rappelait le renvoi des prisonniers russes et promettait d'accéder à toutes les conditions imposées par les Russes, si toutefois ils voulaient s'arrêter dans leur marche.

Le général répondit à l'envoyé que, malgré tout son désir de conclure un traité de paix, il ne pouvait s'arrêter dans sa marche.

Le 27 mai, le détachement du Turkestan se remit en marche pour Khiva et franchit les 68 verstes qui le séparaient encore de cette ville dans les journées des 27 et 28 mai, sans avoir à tirer un coup de fusil, sans rencontrer un seul habitant dans les villages.

Le 26 mai, en même temps qu'arrivait au camp de Khasar-Asp un envoyé du khan, le général en chef recevait des nouvelles des détachements d'Orenbourg et de Mangyschlak, dont le général Werewkin avait modifié l'itinéraire, et qui se trouvaient en marche et à peu de distance de Khiva.

Au dernier bivac des troupes du Turkestan avant Khiva, au campement de Yanghi-Arik, le général de Kauffman reçut un nouvel envoyé du khan, l'inak Irtalazi-Khan, cousin du khan, porteur d'une lettre pour le général. Le khan déclarait se soumettre à l'empereur de Russie et donner tous les pleins pouvoirs nécessaires pour traiter à Irtalazi-Khan. Celui-ci pria verbalement le général en chef de donner au général Werewkin, dont les troupes se trouvaient sous les murs de Khiva et bombardaient la ville, l'ordre de cesser le feu en présence de la soumission complète du khan.

Le général en chef répondit à l'envoyé qu'il voulait communiquer directement et personnellement ses conditions au khan, et qu'il l'invitait à se porter au-devant de lui, le 29, au matin, avec une escorte de 100 hommes. Il lui remit en même temps une lettre pour le général Werewkin, dans laquelle il lui faisait part des intentions du khan et l'engageait à cesser le feu et à ne pas le rouvrir tant que la place ne tirerait pas sur lui. Il fit part à l'inak du contenu de cette lettre. Celui-ci répondit que le khan donnerait immédiatement l'ordre de cesser le feu, mais que cependant les Tourkmènes-Youmoudes, qui faisaient partie des troupes khiviennes, pourraient peut-être bien se refuser à obtempérer à cet ordre.

Le 29 mai, à la pointe du jour, le détachement du Turkestan quitta le bivac de Yanghi-Arik, et arrivait dans les jardins qui entourent les murs de Khiva à huit heures. Le général en chef trouva là les principaux dignitaires du khanat, qui l'informèrent que, sans attendre sa réponse, le khan avait quitté la ville avec les Youmoudes (1), et qu'il n'y était pas rentré; qu'on avait délivré de sa prison Ata-Djan, frère puîné du khan, et qu'on l'avait proclamé khan sous la régence de Seïd-Emir-Oul-Oumar, oncle et beau-frère de Mohammed-Rachim.

Pendant que duraient ces négociations, le bruit du canon

(1) Une dépêche du général de Kauffman, arrivée à Saint-Pétersbourg le 30 août, annonce qu'au lieu de payer le tribut convenu, les Youmoudes dirigèrent deux attaques contre les troupes des détachements du Caucase et d'Orenbourg, envoyées pour recueillir la contribution de guerre. Ces deux attaques échouèrent et les Russes prirent aux Youmoudes 6,000 têtes de bétail. Ces deux affaires coûtèrent aux Russes deux officiers et huit soldats tués, sept officiers et trente-trois soldats blessés. Mais depuis cette dernière tentative, les Youmoudes ont renoncé à se soulever et se sont décidés à payer leur tribut.
De nouveaux renseignements relatifs aux opérations des Russes contre les Youmoudes sont arrivés à Saint-Pétersbourg le 10 septembre.
La contribution de guerre imposée aux Youmoudes s'élevait à la somme de 300,000 roubles, et les forces envoyées contre eux se composaient de huit compagnies d'infanterie, dix bouches à feu dont deux mitrailleuses, huit cents cavaliers et une batterie de fusées. L'avant-garde, forte de cinq cents cavaliers, atteignit l'ennemi le 21 juillet, sur

se fit entendre du côté du général Werewkin ; mais la ville se rendant à discrétion, le général en chef expédia l'ordre de cesser le feu.

Khiva était pris ! Nous reviendrons plus loin sur les faits relatifs à l'entrée à Khiva et au traité de paix, après avoir exposé la marche et les opérations des détachements d'Orenbourg et du Caucase.

Avant de terminer cette partie de notre étude, il est bon de constater que la campagne fournie par le corps du Turkestan a duré, d'Alty-Koudouk à Khiva, 89 jours. En retranchant les jours de halte, on trouve que ces troupes ont fait en 44 jours 707 verstes 1/2, soit, en moyenne, 16 verstes par jour.

Enfin, d'après les levées géodésiques, le courant de l'Amou-Darja devra être marqué plus à l'est qu'il ne l'est à présent. On va procéder, du reste, à la levée de l'oasis de Khiva, et on aura bientôt, ce qui manquait complétement jusqu'ici, une carte parfaitement exacte du khanat.

les bords du Saïkes, lui enleva son bétail et le mit en pleine déroute. Un grand nombre de Youmoudes se noyèrent en essayant de s'échapper. Depuis le 22, les troupes russes étaient campées au village de Tschemdyr lorsqu'elles furent attaquées par l'ennemi, qui fut repoussé et perdit beaucoup de monde. Le 27, une grosse bande de Tourkmènes et de Youmoudes attaqua le camp russe pendant la nuit, et un sanglant combat corps à corps s'engagea alors. Les mitrailleuses firent subir des pertes sensibles à l'ennemi, qui combattit avec une bravoure au-dessus de tout éloge. Le prince de Leuchtenberg prit part à ce combat sanglant, après lequel l'ennemi se retira : il laissait sur le terrain huit cents morts. Le nombre des Youmoudes engagés pouvait s'élever à près de dix mille.

Le 31, le général Kauffman arrivait à Iljalla (territoire du Turcoman), que les troupes russes occupaient depuis le combat du 29. La défaite des Tourkmènes a causé une profonde impression à Khiva et ne peut manquer de produire un effet salutaire.

II

MARCHE ET OPÉRATIONS DU DÉTACHEMENT DU CAUCASE

1° *Colonne de Krasnowodsk*

De toutes les colonnes russes, la colonne de Krasnowodsk est la seule qui ait été obligé de revenir sur ses pas.

Cette colonne, commandée par le colonel Markosoff, se composait de 12 compagnies d'infanterie, 4 sotnias de cosaques, 16 canons et quelques chevalets de fusées.

Dès le 28 février (12 mars) et jusqu'au 6/18 mars, le colonel Markosoff entreprit une petite expédition destinée à réprimer les violences exercées par des Tourkmènes contre des nomades soumis à la Russie.

A cet effet, il fit passer le Gourghène, qui coule parallèlement à l'Atrek à une distance de 40 verstes au sud, à une partie de son détachement, et, avec l'autorisation du gouvernement persan, il revint sur ses pas, après avoir exécuté sa mission, en passant sur un pont placé près d'une forteresse persane située sur le Gourghène, à 40 verstes de la mer Caspienne.

Après avoir poussé cette reconnaissance au delà de l'Atrek, la colonne du colonel Markosoff partit de Tchakichliar du 19 au 26 mars (31 mars — 7 avril) et commença sa marche sur Khiva, en se dirigeant sur les puits de Giamiadjik, Chaïrdy, Aïdine, Boouradji (situés dans l'ancien lit de l'Amou-Darja) et Igdy (1), et de là sur Doudour et Ismykchir.

_____

(1) Igdy, à 300 verstes sud-ouest de Khiva, à l'entrée d'un désert de sable. Doudour, à moitié chemin entre Igdy et Khiva. Chaïrdy, à

De Tchakichliar à Khiva on compte environ 785 verstes.

Le 8 avril, le détachement se trouvait au puits d'Aïdine, à 236 verstes de Tchakichliar, près de l'ancien lit de l'Amou-Darja, qu'il devait suivre jusqu'au puits d'Igdy, point extrême de la reconnaissance faite l'été dernier.

Le 13 avril, pendant la marche le long de l'ancien lit de l'Amou-Darja, un détachement de cosaques du régiment de Kizliar-Gribenski fut envoyé au puits de Topiatana. Ce détachement engagea la fusillade avec une bande de Tourkmènes, qui se dispersèrent à la faveur de la nuit. Ceux-ci tentèrent pendant la nuit d'attaquer les avant-postes russes ; mais ils furent aperçus et repoussés par les grand'gardes.

Le 14/26 avril, tout le régiment, sous le commandement du lieutenant-colonel Tchavtchavadzé, se mit en marche pour le puits de Djamala (à 42 verstes de Topiatana). Ce mouvement fut surveillé par des cavaliers tourkmènes.

Afin de disperser les bandes qui inquiétaient sa colonne, le colonel Markosoff donna au prince Tchavtchavadzé l'ordre de marcher avec son régiment sur Igdy, où se trouvaient rassemblés des Tourkmènes du Téké.

Le 15/27 avril, à six heures et demie du matin, le prince Tchavtchavadzé, avec ses cosaques et une batterie de fusées, se porta à marches forcées sur Igdy, en passant par les puits de Kalmadji et de Yandji. Dans la matinée du 16, à quelques verstes d'Igdy, on détacha en avant deux escadrons qui, accueillis à coups de fusil et de flèches par les Tourkmènes, se déployèrent aussitôt, chargèrent l'ennemi, le culbutèrent et le poursuivirent jusqu'à 50 verstes au delà d'Igdy.

---

180 verstes au sud-est de Krasnowodsk, au point même où les montagnes qui partent des bords de l'Atrek touchent au désert. Boouradji, à 190 verstes au sud-est de Krasnowodsk. Giamiadjik, à moitié chemin entre Tchakichliar et Boouradji. Ismykchir, à l'ouest de Khiva, à l'extrémité des sables de Khiva.

Les cosaques firent dans cette affaire 267 prisonniers ; l'ennemi laissait sur la place 28 morts et 21 blessés. On lui enleva en outre 1,000 chameaux, 500 moutons et une quantité d'armes. Les Russes n'eurent qu'un enseigne blessé et plusieurs chevaux tués ou blessés.

Dans la soirée, afin de se garder contre les surprises, on lança des patrouilles, qui rencontrèrent et dispersèrent quelques Tourkmènes.

Les cosaques avaient fait en vingt-quatre heures une marche de 120 verstes.

Le 20 avril, l'avant-garde du régiment de cosaques Kisliar-Grebenski rencontra près du puits de Bala-Ichém, à 15 verstes à l'est de la route d'Igdy à Orta-Kouiou, une autre bande de cavaliers, qui fut également dispersée.

Les défaites successives éprouvées par ces Tourkmènes du Téké les découragèrent au point qu'ils semblaient renoncer, selon le dire des prisonniers, à vouloir secourir le khan de Khiva.

Le 17/29 avril, le 1er échelon de la colonne du colonel Markosoff (5 compagnies du régiment de la Kabarda) arrivait à Igdy ; le 2e échelon (4 compagnies, 2 du régiment de Daghestan et 2 de Schirvan) y arrivait seulement le soir. Ces troupes avaient été très-éprouvées par la chaleur.

D'Igdy à Orta-Kouiou on ne compte guère que 60 à 75 verstes, trois journées de marche ; mais pour atteindre ce point, le détachement avait à franchir des steppes sablonneux et dépourvus d'eau.

Le détachement avait été muni, à cet effet, de petits tonneaux à eau, et l'on pouvait en avoir une provision suffisante pour une marche de six à sept jours.

A cause de la chaleur, on décida de faire marcher les troupes depuis l'aube jusque vers dix ou onze heures.

On devait alors faire faire halte au détachement, pour ne

le remettre en mouvement que de quatre heures à huit heures. La colonne avait de plus des guides excellents et parfaitement sûrs.

Le 18/30 avril, à quatre heures du matin, le colonel Markosoff se remit en marche avec une sotnia combinée et débarrassée de ses chevaux, afin d'être toujours prête à combattre, 5 compagnies, 6 pièces de montagne, une section de sapeurs et 25 cosaques. La cavalerie et la batterie de fusées, fatiguées encore de la marche forcée du 16, ne devaient quitter Igdy que le soir et arriver à Orta-Kouiou que le 19 avril (1er mai). Le reste des troupes de la colonne devait quitter Igdy en échelons les 19, 20 et 21 avril (1er, 2 et 3 mai).

Le terrain qu'on avait à traverser offrait des difficultés des plus sérieuses à cause des innombrables collines de sable qu'il fallait franchir à chaque instant.

Dès huit heures du matin, une chaleur insupportable força les troupes à s'arrêter après une marche de 13 verstes. Le premier échelon fit encore 12 verstes dans la nuit, et bivaqua à 25 verstes d'Igdy.

Cette marche du soir fut très-pénible : les chameaux succombaient, les chevaux s'arrêtaient, les hommes étaient exténués et avaient épuisé toute l'eau qu'on leur avait donnée à la halte du matin. De plus, il fallait songer à économiser cette eau, qui s'évaporait, par la chaleur, avec une rapidité effrayante. La cavalerie, qui avait quitté Igdy le 18/30 avril au soir, ne fit que 20 verstes ; mais elle eut moins à souffrir pendant cette marche de nuit que l'infanterie.

Les guides qui accompagnaient la colonne conseillèrent alors au colonel Markosoff de quitter la route directe d'Orta-Kouiou pour se diriger sur le puits de Bala-Ichène ; mais le colonel ne s'y décida pas.

Le 19 avril, dès l'aube, le premier échelon se remit en route et fut rejoint à 5 verstes plus loin par la cavalerie, avec laquelle le colonel Markosoff, accompagné de son état-major, se porta aussitôt en avant. Cette cavalerie, avec laquelle on voulait absolument atteindre Orta-Kouiou le jour même, emporta les pelles de l'infanterie, afin de pouvoir déblayer les puits et envoyer de l'eau à la rencontre du premier échelon.

La chaleur était encore plus intense. L'infanterie put à peine faire 12 verstes, et quoique la cavalerie se fût mise en route à trois heures du matin, elle ne put en sept heures et demie faire que 25 verstes avec la plus grande difficulté. A la halte, à onze heures du matin, le thermomètre Réaumur gradué jusqu'à 55° marquait 62°; il éclata vers midi.

On croyait à ce moment être arrivé à 12 ou 15 verstes du puits : il fallait hâter forcément la marche, car presque toute la provision d'eau emportée était déjà dépensée.

A quatre heures et demie la cavalerie se remit en marche. Mais à 3 verstes de la halte le caractère du terrain changea tout à coup. Au lieu des mamelons sablonneux, on trouva des collines plus élevées, formées d'une poussière calcaire brillante et fine, dans laquelle hommes et chevaux enfonçaient jusqu'aux genoux. C'était à peine si l'on pouvait respirer. Les hommes et les chevaux tombaient d'épuisement à chaque pas. Enfin, à minuit, par une obscurité profonde et une chaleur étouffante, après avoir fait plus de 30 verstes depuis la dernière halte, le colonel Markosoff fit faire halte à ses cosaques épuisés de fatigue.

Comme les guides craignaient que l'obscurité n'eût fait dévier le détachement dans sa marche, on envoya en reconnaissance un des guides, un artificier et un soldat, parlant tous trois le tartare.

Trois heures s'écoulèrent ainsi. La situation devenait de plus en plus dangereuse, on résolut donc de rebrousser chemin, de se porter à la rencontre du premier échelon,

4.

comptant trouver avec ce détachement un peu d'eau, puis d'envoyer avec une escorte les chameaux chercher de l'eau au puits de Bala-Ichène. On rassembla à cet effet une trentaine de cosaques, des plus valides qu'on put trouver ; on leur ordonna de se retirer le plus vite possible sur l'infanterie, de transmettre au commandant du premier échelon l'ordre d'envoyer de l'eau aux cosaques en retraite et d'expédier ses chameaux, avec des tonneaux vides, aux puits de Bala-Ichène.

Le premier échelon, après avoir été dépassé par la cavalerie, n'avait pu le 19 avril, à cinq heures du soir, arriver jusqu'à la halte de la cavalerie. Quoique les hommes eussent de l'eau, ils tombaient épuisés, et le détachement se prolongeait sur une étendue d'environ 10 verstes.

Le mouvement de retraite de la cavalerie s'opéra pendant toute la nuit du 20 avril /2 mai. Enfin à dix heures du matin on reçut du premier échelon un peu d'eau, que le colonel Markosoff distribua en personne à ses soldats. Mais cette eau bouillante ne parvint guère à ranimer les hommes.

Les troupes du premier échelon n'étaient pas dans une situation beaucoup plus favorable. Le 20 avril, depuis la pointe du jour jusqu'à sept heures du matin, on ne put faire que 6 à 7 verstes, puis il devint impossible d'avancer, et vers trois heures de l'après-midi on n'avait plus d'eau.

A ce moment les cosaques envoyés aux puits de Bala-Ichène, avec des chameaux escortés par de l'infanterie, firent savoir que ces puits étaient à 15 verstes du camp du premier échelon, qu'on y trouvait en abondance une eau excellente, et que l'ennemi s'était retiré dans les steppes à leur approche.

A la réception de ces nouvelles, les cosaques, qui arrivaient peu à peu au camp du premier échelon, se dirigèrent vers les puits de Bala-Ichène.

A cinq heures et demie, on reçut au camp le premier

envoi d'eau, et à neuf heures on avait assez d'eau pour pouvoir en envoyer aux cosaques en retraite.

Cette eau ranima un peu les soldats ; on forma alors une escouade de cosaques, qu'on envoya aux puits de Bala-Ichène pour protéger les cosaques qui s'y rendaient individuellement. On résolut en même temps de diriger sur ce point tout le premier échelon, mais ce mouvement ne put se faire que le lendemain.

Les événements de cette journée firent comprendre au colonel Markosoff que dans cette atmosphère étouffante, remplie d'une poussière impalpable, il lui était absolument impossible d'atteindre, à travers une contrée aride, dépourvue d'eau et opposant, de plus, des difficultés énormes à la marche des troupes, le but qui lui était assigné. Il se décida donc à la retraite et expédia le jour même aux autres échelons l'ordre de se replier sur Igdy. Ces échelons, comme on le sut plus tard, avaient marché avec beaucoup de peine et avaient eu beaucoup à souffrir de la chaleur.

Dès le 21 avril /3 mai, le premier échelon, avec les cosaques démontés, leva le camp à quatre heures du matin et se dirigea vers les puits de Bala-Ichène, où l'on arriva, vers neuf heures, après avoir laissé en route, quoique le chemin offrît moins de difficulté, plus de 100 traînards. On perdit également des chameaux.

Arrivé aux puits de Bala-Ichène, on fit l'appel des cosaques. On expédia ensuite à la recherche des manquants, sur la route qui menait du dernier campement du premier échelon à Orta-Kouiou, 5 chameaux conduits par des Tourkmènes avec 20 hommes d'escorte montés sur des chameaux portant des outres d'eau et des médicaments. Ces hommes revinrent vers les cinq heures, ramenant 11 cosaques trouvés sans connaissance sur le chemin.

Enfin les trois hommes qu'on avait envoyés en reconnaissance à Orta-Kouiou, revinrent aussi après avoir trouvé ces puits, qui étaient encore à 10 verstes de la dernière halte de la cavalerie.

La journée du 21 fut consacrée à soigner les hommes frappés d'insolation et épuisés de fatigue. Quoique l'eau des puits de Bala-Ichène rafraîchit un peu les hommes, la chaleur n'en continuait pas moins à les affaiblir.

L'idée qu'il serait impossible d'arriver à Ismykchir, point indiqué à la colonne par le plan de campagne, faisait des progrès rapides. Sans parler de la marche à travers une contrée aride jusqu'à Orta-Kouiou, et des mouvements ultérieurs jusqu'aux puits peu abondants de Néfès-Kouli et de Doudour, situés à 50 verstes d'Orta-Kouiou, il y aurait eu encore 7 *menzils*, plus de 210 verstes, à faire pour arriver à Ismykchir.

Il fallut donc pour sauver la colonne se résigner à battre aussitôt en retraite. Une plus longue hésitation aurait compromis gravement le sort du corps expéditionnaire, qui n'avait de vivres que jusqu'au 16/28 mai.

Le 22 avril, à quatre heures de l'après-midi, la colonne commença sa retraite sur Igdy, et l'on reconnut à ce moment que cent cosaques et plus de cent fantassins, complétement exténués de fatigue et frappés d'insolation, devaient être transportés à dos de chameau. Cette retraite elle-même fut des plus pénibles. Elle était contrariée par des vents contraires et très-violents, qui soulevaient des tourbillons de sable et obscurcissaient les rayons du soleil, et l'on perdit encore ce jour-là quarante chevaux et chameaux. Cette mortalité continua, quoique moins grande, dans la marche entre Igdy et Djamala, à travers un pays complétement privé d'eau.

Le reste de la retraite s'effectua plus heureusement, et deux hommes seulement moururent d'insolation.

Enfin, le 14/26 mai, le dernier homme de la colonne arrivait à Krasnowodsk.

Les Tourkmènes avaient harcelé les Russes pendant presque toute la durée de leur marche.

« En considérant la situation de la colonne, dit en terminant le rapport russe, on voit que la prudence et le bon sens conseillaient de faire exécuter cette retraite sur Krasnowodsk à des troupes qui avaient eu à lutter contre des difficultés inouïes, contre les éléments et la nature. La marche de cette colonne, avait du reste puissamment servi les intérêts des Russes en empêchant les Tourkmènes du Téké de venir se joindre aux bandes khiviennes. »

Sur l'ordre du commandant en chef de l'armée du Caucase, les troupes de cette colonne rentrèrent dans leurs garnisons respectives, en laissant seulement un petit détachement à Krasnowodsk. Les vivres rapportés par la colonne furent transportés immédiatement à la baie de Kinderlinsk, afin de servir à la colonne de Mangyschlak.

2° *Colonne de Mangyschlak.*

La deuxième colonne du détachement du Caucase, placée sous les ordres du colonel Lomakin, se concentra à Kinderlinsk. Elle devait, en passant par Bisch-Akty, Iltéidje et Tabin-Szou, se diriger vers l'extrémité méridionale du lac d'Aïboughir et y opérer sa jonction avec les troupes d'Orenbourg, placées sous les ordres du général-lieutenant Werewkin. En suivant cette route, on peut compter de Kinderlinsk à Khiva, six cent soixante-quinze verstes.

Le colonel Lomakin, en personne, avait du reste déjà reconnu cette route l'automne dernier, jusqu'au delà de Bisch-Akty. Il avait ainsi acquis la certitude que cette route, bien qu'elle traversât pendant soixante-seize verstes et demie

des contrées dépourvues d'eau, n'opposerait pas de trop
grandes difficultés à la marche des troupes. Enfin il suppo-
sait qu'au delà de Bisch-Akty on trouverait partout de l'eau
et des fourrages. Entre Kinderlinsk et le lac d'Aïboughir, on
devait établir trois points principaux d'étapes.

Le détachement était pourvu de douze cents chameaux,
cent chevaux de bât, cinquante voitures traînées par des chevaux, et dont le nombre fut du reste augmenté.

Le 14/26 avril, le premier échelon de la colonne de Mangyschlak, fort de deux bataillons du régiment d'Apscheron,
et de trois sotnias de cosaques, quitta Kinderlinsk en se
dirigeant sur Kaundi (1). Le 15/27 avril, le deuxième échelon,
composé du 1ᵉʳ bataillon du régiment de Schirwan (2), d'une
compagnie du régiment de Ssamoursk (2) et de quatre bouches
à feu, se mit en route. Le 17/29, l'état-major partit avec le
reste des troupes ; on ne laissa à Kinderlinsk, premier centre
d'étape de la colonne, où l'on avait établi des magasins et un
hôpital, que deux compagnies d'infanterie et une pièce d'artillerie. De Kinderlinsk à Kaundi, il n'y a que 25 verstes, et
cette première étape ne fut pas trop rude pour les hommes.
Bien que les eaux du lac de Kaundi aient un goût légèrement
amer, elles étaient cependant potables. Au delà de Kaundi,
le manque d'eau rendit la marche plus pénible.

Il faisait 37 degrés Réaumur et même jusqu'à 42 degrés
dans le sable, que soulevait un vent du sud assez violent pendant toute la marche sur les puits de Ssenek, situés à quatre-
vingt-dix verstes de Kaundi. On consomma dans cette marche
tout ce qu'on avait emporté d'eau ; à vingt verstes des puits
les échelons se réunirent, et la fatigue empêcha d'aller

_____

(1) Kaundi, à l'ouest de Kinderlinsk, sur les bords du lac du même
nom.
(2) Ces régiments appartiennent à la 21ᵉ division, et sont en garnison
dans le district du Daghestan et le gouvernement de Bakou.

plus loin ce jour là ; mais la cavalerie, envoyée jusqu'aux puits de Ssenek, rapporta, peu après, l'eau qui manquait au détachement. On put alors se remettre en route. Le 18/30 avril la colonne entière arrivait au puits de Ssenek sans avoir perdu un seul homme, mais après avoir laissé en route un certain nombre de chevaux et de chameaux.

Après avoir donné aux troupes un peu de repos, on reprit la marche sur Bisch-Akty, où l'on savait trouver de l'eau en abondance. Le major Nawrozki, avec deux sotnias de cosaques, y arriva le 21 avril/3 mai. Cet officier avait été détaché pour réquisitionner des chameaux dans les parties de l'Oust-Ourt situées plus au nord. Il en ramena cent cinquante chevaux, mille moutons et trois cents chameaux.

On éleva à Bisch-Akty une redoute que l'on arma avec une pièce rayée et à laquelle on donna pour garnison deux compagnies d'infanterie et une sotnia. Le reste de la colonne, dix compagnies d'infanterie, quatre sotnias et quatre pièces de canon, se dirigea sur le puits de Boussatcha, situé à soixante-dix verstes plus loin. A partir de ce puits, afin que les troupes ne vinssent pas à manquer d'eau, le colonel Lomakin les divisa en deux colonnes pour marcher sur Tabyn-Szou (1), l'une se dirigea sur les puits d'Ak-Kourouk (2), Karszak (2) et Sounia-Temir (2), pendant que l'autre se portait par Iltéidje, directement sur Tabyn-Szou.

Le général Werewkin expédia à ce moment, de Kaszarma (3), au colonel Lomakin l'ordre, qu'il ne reçut pas en temps utile,

---

(1) Tabyn-Szou, à l'extrémité sud du désert de Baisza-Kilmasz.

(2) Sounia-Temir, à 250 verstes à l'est de Bisch-Akty. Karszak, à 135 verstes de Sounia-Temir et à 115 verstes de Bisch-Akty. Ak-Kourouk, à 18 verstes de Karszak et à 100 verstes de Bisch-Akty. Iltéidje, à 118 verstes de Sounia-Temir et à 150 de Bisch-Akty.

(3) Kaszarma, à 130 verstes au nord du cap Ourgou, sur la côte orientale de la mer d'Aral.

de venir opérer sa jonction avec son corps, non plus au lac d'Aïboughir, mais à Ourgou.

Le détachement de Mangyschlak franchit très-heureusement les 250 verstes qui séparent Bisch-Akty d'Iltéidje. Partout on trouva de l'eau potable, et les troupes marchèrent sans fatigue, malgré une chaleur assez intense.

Ayant appris au puits de Boussatcha qu'il trouverait de l'eau jusqu'à Iltéidje, le colonel Lomakin renonça à diviser en deux sa colonne et il se mit en marche par le chemin du sud, pour le puits de Kara-Kyne, formé en trois échelons se suivant à une demi-étape de distance.

Le premier échelon, commandé par le colonel Skobelew, marchait, en général, de trois à neuf heures du matin et de quatre à huit heures de l'après-midi. Le deuxième, sous les ordres du lieutenant-colonel Grodekow, de quatre à huit heures de l'après-midi et de trois à neuf heures du matin. Le troisième, sous le commandement du lieutenant-colonel Pojarow, de trois à neuf heures du matin et de quatre à huit heures de l'après-midi. De sorte que chaque échelon arrivait au puits au moment où l'autre le quittait.

Presque partout le chemin était bon et peu sablonneux. Seule l'étape de 12 verstes pour arriver au puits de Karatschik fut rendue pénible par les collines de sable qu'il fallut franchir. L'artillérie parvint cependant à suivre les troupes, et ce même jour une compagnie d'infanterie put faire une étape de 50 verstes sans laisser en arrière un seul traînard.

Entre Boussaga et Kara-Kyne, la colonne entra sur le plateau de l'Oust-Ourt par une pente insensible. Ce qu'on nomme ici le *Tchink* s'élève à 400 sagènes au-dessus du steppe et a le même caractère que le plateau de Mangyschlak. Les puits sur l'Oust-Ourt étaient assez profonds et donnaient de la bonne eau douce. A Kynyr cependant le puits avait 30 sagènes de profondeur.

On choisit enfin, près d'Iltéidje, un emplacement convenable pour y organiser un point de défense et construire une redoute qui aura pour garnison une ou deux compagnies d'infanterie. On y installa également un dépôt de vivres, qui seront amenés de la baie de Kinderli.

Le 1er/13 mai le premier échelon de la colonne alla occuper les puits de Baïlir et de Kysyl-Aghar, où l'on savait devoir trouver des sources abondantes.

Enfin le colonel Lomakin ayant appris que le général Werewkin avait occupé le fort khivien de Djany-Kala, il marcha sur Koungrad, et le 14/26 mai il opérait sa jonction avec les troupes d'Orenbourg, au delà de Koungrad.

III

DÉTACHEMENT D'ORENBOURG

Le détachement d'Orenbourg, sous les ordres du général-lieutenant Werewkin, commandant du district d'Orenbourg, se composait, comme nous l'avons dit, de 9 compagnies des 1er et 2e bataillons de la ligne d'Orenbourg, d'une division de sapeurs, de 6 sotnias de cosaques d'Orenbourg, de 3 sotnias de cosaques de l'Oural, de 6 pièces d'artillerie, de 6 chevalets de fusées, de 4 mortiers d'un demi-pud, et de 2 pièces rayées, destinées à armer un ouvrage que l'on devait élever près du cap Ourgou-Mouroun, à l'entrée du lac d'Aïboughir.

Les troupes d'Orenbourg destinées à faire partie de l'expédition, quittèrent par échelons Orenbourg, Orsk et Ouralsk, du 13 au 25 février (25 février — 9 mars), pour se concentrer à Emba. Cette concentration fut complétement achevée vers le 18/30 mars.

Afin de rendre moins pénibles ces marches, qu'il fallut faire encore pendant l'hiver, on transporta les troupes, l'artillerie, les munitions et le convoi sur des traîneaux loués à cet effet, et les chevaux furent menés en main jusqu'au poste fortifié d'Emba.

Afin de les protéger contre le froid, on donna aux troupes des tentes particulières; enfin on fit préparer par les Kirghiz, sur tous les points désignés pour les bivacs, des approvisionnements de paille et de bois de chauffage. Les Kirghiz amenaient de plus du bétail qu'ils vendaient aux Russes. Enfin, afin de ne manquer de rien après avoir dépassé Emba, pendant tout le temps qu'il traversera l'Oust-Ourt, le détachement emporta de la paille, 15,000 rations de conserves de viande et de l'avoine. Le détachement possédait aussi huit appareils à forer les puits, et des équipages de pont indispensables pour franchir les nombreux canaux qui sillonnent le khanat de Khiva.

Sans parler de ses ambulances réglementaires, le détachement possédait en outre 3 voitures et 50 brancards d'ambulance, du linge, du vin, du tabac, des médicaments contre le scorbut, etc., qui, avec une somme de 3,000 roubles, lui avaient été envoyés par le comité d'Orenbourg de la société de secours aux blessés.

La concentration eut lieu, comme nous l'avons dit (1), à

----

(1) Une lettre datée du poste d'Emba, 21 mars, nous apporte les renseignements suivants :

« On ne saurait se faire une idée des difficultés qu'ont rencontrées dans cette campagne d'hiver les troupes qui ont eu à traverser les steppes des Kirghiz. Les vieillards eux-mêmes ne se souviennent pas d'un hiver aussi rigoureux. En général, les steppes commencent à verdir à cette époque. Cette année, il faisait vingt-cinq degrés de froid; la neige couvrait ces vastes déserts. Le vent y soulevait à chaque instant des tourmentes de neige, et les routes étaient si mauvaises que la marche a dû forcément se ralentir. Grâce aux mesures prises par le gouvernement, on trouva à tous les endroits où l'on s'arrêta pour passer la nuit des tentes (Jurta), du bois et du foin. Les hommes purent ainsi s'abriter, se réchauffer et préparer leurs aliments. Malgré cela, on ne saurait don-

Emba, et quoique la plupart des corps y arrivèrent à l'époque voulue, les sotnias de cosaques de l'Oural et les bagages ne purent atteindre ce point qu'après avoir été retardés sensiblement par l'état déplorable des routes et par les ouragans de neige.

L'état sanitaire des troupes d'Emba était d'ailleurs satisfaisant. Seuls les cosaques de l'Oural eurent un certain nombre d'hommes atteints d'ophtalmie à la suite de leur marche à travers les neiges.

ner trop d'éloges au courage et à l'énergie des troupes. Trente hommes seulement tombèrent malades en route. On s'occupe maintenant de réquisitionner de toutes parts ce qu'il faut pour faire vivre les hommes et les chevaux du détachement. Toutes les nuits il fait en moyenne quinze degrés de froid : dans le jour la neige fond un peu au soleil. Pendant que nous attendons pour nous remettre en marche l'arrivée des autres troupes, le général Werewkin fait tirer à la cible avec le fusil Kruka, que nos soldats (les bataillons de ligne font partie des troupes de garnison) n'ont entre les mains que depuis le 12 mars. Aujourd'hui nous avons été rejoints par trois sotnias de cosaques de l'Oural. Du reste, la fortune semble vouloir nous sourire : cette nuit il n'a fait que deux degrés; le dégel est très-fort dans la journée; encore trois ou quatre jours semblables, et nous pourrons recommencer à marcher. Nous avons appris aujourd'hui que le khan avait rassemblé 20,000 cavaliers à Kingrad ; nous les rencontrerons probablement du côté d'Urga. Dans quelques jours nous repartons, nous dirigeant sur Tschuschka-kul. Il nous reste encore à faire 900 verstes pour arriver à Khiva. »

Le représentant de la société de secours aux blessés de Saint-Pétersbourg, le docteur Grimm, chef de l'ambulance envoyée à l'armée de l'Asie centrale, raconte également dans une lettre sa marche à travers les steppes d'Orenbourg :

« Les ambulances, divisées en quatre séries, quittèrent Orenbourg le 1er mars. Jusqu'à Orsk on ne rencontra guère de difficultés, bien qu'on n'avançât que lentement. Les choses changèrent de face dès qu'on eut dépassé le fort de Karabutak. L'eau manquant, les chameaux refusaient d'avancer; les chemins étaient dans un état affreux. Un froid de vingt à vingt-cinq degrés Réaumur, survenu après le dégel, les avait rendus impraticables. Nos ambulances parvinrent cependant à rejoindre les troupes au fort de Kasalinsk. Pour traverser par un temps pareil les steppes, on a distribué aux troupes des couvertures, des vêtements fourrés, car l'hiver n'a guère l'air de vouloir finir. Comme médicaments, on emporte du vin, de la quinine, de l'extrait de citron et des fruits rafraîchissants. »

L'avant-garde du détachement, forte de deux sotnias de cosaques et de la division de sapeurs, quitta le poste d'Emba le 26 mars (7 avril). Elle trouva encore sur sa route, bien qu'elle se dirigeât vers le sud, une grande quantité de neige (1). Le gros du corps se mit en marche quatre jours plus tard. D'Emba, le général Werewkin voulait se porter vers la mer d'Aral, en passant par Aly-Djakssy, Assiou-Tasty et la steppe d'Issen-Daghy (2), puis longer la côte occidentale de la mer d'Aral jusqu'à l'extrémité méridionale du lac d'Aïboughir, distant encore de 65 verstes de la ville khivienne, de Kounia-Ourgentsch. Afin d'assurer les communications en arrière et d'empêcher des bandes ennemies de pénétrer sur le territoire d'Orenbourg, on laissa des postes d'observation sur l'Oust-Ourt, dans le steppe de Ssam et au détroit de Djebyszke (3).

Le détachement emportait quatre-vingts jours de vivres ; de plus, on devait établir un magasin au cap Ourgou, que l'on se proposait de fortifier.

La marche s'exécuta conformément aux ordres donnés par le général Werewkin. Le 11/23 avril, le détachement faisait halte à Arysz, et arrivait le 18/30 avril à Issen-Daghy, situé à la même hauteur que l'extrémité du grand steppe de Borsouski, à peu de distance de la côte nord-ouest de la mer d'Aral.

Le général Werewkin s'y arrêta deux jours, pour laisser au convoi le temps de rejoindre. Puis, apprenant qu'il était exposé à manquer d'eau pendant sa marche sur Kaszarma, il divisa son corps en quatre échelons. Le premier,

____

(1) Voir la note précédente.
(2) Le steppe d'Issen-Daghy s'étend entre l'extrémité sud du grand steppe de Borsouski et celle d'Assmantai.
(3) Détroit situé sur la côte orientale de la mer Caspienne, en face de Derwent.

sous ses ordres immédiats, était composé de 2 sotnias de cosaques, 3 compagnies d'infanterie et 4 bouches à feu ; le deuxième, sous les ordres du colonel Constantinowitch, de 1 sotnia de cosaques, 2 compagnies d'infanterie, 2 canons et 2 mortiers ; le troisième, sous les ordres du colonel Léontieff, de 2 sotnias de cosaques, 2 compagnies d'infanterie et une batterie de fusées ; le quatrième, sous les ordres du colonel Norvokreschtschenow, de 2 sotnias de cosaques, 1 compagnie d'infanterie, 2 canons et 2,700 chameaux chargés de vivres. Le premier échelon arriva à Kaszarma le 25 avril (7 mai), où le général Werewkin trouva des nouvelles de la colonne de Mangyschlak, et d'où il envoya au colonel Lomakin l'ordre de venir le rejoindre à Ourgou. Mais cet ordre, on le sait, ne parvint pas en temps utile au colonel Lomakin.

Le général Werewkin continua sa marche, et le 5/17 mai il arrivait au cap Ourgou. Quelques jours auparavant, il avait adressé aux Tourkmènes et aux Karakalpakes une proclamation dans laquelle il les engageait à s'abstenir d'une lutte qui ne pouvait que leur être fatale. Il promettait leur grâce à ceux des Kirghiz qui, à la suite du soulèvement dans les steppes d'Orenbourg, s'étaient enfuis à Khiva, si toutefois ils quittaient les rangs des Khiviens et venaient faire leur soumssion.

Aussi pendant la marche du corps sur Ourgou, le 2 et le 3 mai, le général Werewkin fut-il rejoint par les principaux chefs kirghiz, qui vinrent faire leur soumission et accompagnèrent le corps dans sa marche.

A 6 verstes du cap Ourgou, on trouva deux fortins abandonnés par les Khiviens. Auprès de l'un de ces ouvrages, fort de Djany-Kala, on éleva une petite redoute qui devait servir de dépôt et de point d'appui aux convois arrivant d'Emba. On y laissa 2 chevalets de fusées, une sotnia et une compagnie d'infanterie.

En continuant sa marche sur Koungrad, le général We-: rewkin trouva le lac d'Aïboughir entièrement desséché et les eaux de la mer d'Aral à 10 verstes de leur rivage ordinaire, de sorte que l'île de Tokmak-Ata, située à 30 verstes des rives du lac d'Aïboughir se trouvait reliée à la terre ferme et transformée en presqu'île. Le niveau extrêmement bas des eaux de la mer d'Aral et de l'Amou-Darja devait considérablement gêner les bâtiments russes, qui, entrés dans l'Oulkhoun-Darja, bras principal de l'Amou-Darja, furent obligés de s'arrêter à 40 verstes de Koungrad.

On prétendit alors que les Khiviens avaient barré et endigué l'Oulkhoun et le Tuldyk-Darja.

Le 8/20 mai, le général Werewkin arriva devant Koungrad et trouva cette ville abandonnée complétement par les troupes khiviennes ainsi que par les habitants. Il y restait seulement quelques vieillards et quelques malades. Jusqu'à ce jour, on avait considéré Koungrad comme une ville importante, ayant au moins 6,000 habitants; ce n'est, en réalité, qu'un misérable ramassis de chaumières et de huttes entourées de murs en ruine. En revanche, le sol est d'une richesse immense.

Le 11/23 mai, le général Werewkin se remit en marche, se dirigeant sur Khodjéili.

La jonction du détachement de Mangyschlak avec celui d'Orenbourg s'opéra peu après, au delà de Koungrad, le 12 pour la cavalerie et le 14 pour l'infanterie, au moment le plus opportun.

IV

OPÉRATIONS DES CORPS RÉUNIS DE MANGYSCHLAK ET D'ORENBOURG

Le lendemain 15/27 mai, les deux corps réunis sous les

ordres du général-lieutenant Werewkin se mirent en marche sur Khodjéili. Ils marchaient sur deux colonnes parallèles, le long de l'Amou-Darja à travers des terrains couverts de joncs et de buissons et coupés à chaque instant par des canaux. A moitié chemin de Khodjéili on vit paraître tout à coup un nombre considérable de cavaliers khiviens, contre lesquels on lança aussitôt une sotnia de cavaliers du Daghestan et deux sotnias de cosaques du Kouban.

Le commandant des montagnards du Daghestan, le colonel Ter-Assatourof, se mit à la tête de ces troupes, que vinrent soutenir deux sotnias de cosaques d'Orenbourg, une sotnia de cosaques de l'Oural, les fuséens et l'artillerie du colonel Léontieff.

Les Khiviens battirent aussitôt en retraite, disparaissant dans les joncs et les buissons, d'où ils dirigeaient sur les Russes une fusillade des plus nourries. Ils continuèrent ensuite leur retraite, poursuivis vivement par les cavaliers du Daghestan et les cosaques.

La fuite des Khiviens fut si rapide qu'on put à peine leur envoyer quelques obus, et elle ne cessa que quand les cavaliers russes arrivèrent en vue de Khodjéili. Cette ville était entourée d'un camp retranché dans lequel se trouvaient 10 à 12,000 hommes avec 6 canons; les forces étaient sous les ordres du commandant en chef de l'armée khivienne, Yakoub-Bey, et de trois autres grands dignitaires du khanat, Mektar-Divan-Beghi, Kosch-Béghi et Inach.

Tous avaient juré sur le Coran de vaincre ou de mourir; mais l'apparition inattendue du détachement de Mangyschlak et la défection du bey Kabine, qui passa aux Russes avec ses Kirghiz et Turcomans (2,000 tentes), découragèrent profondément les Khiviens.

Les troupes russes, qui venaient de parcourir une étape de

25 verstes, firent halte en vue des jardins qui entourent la ville de Khodjéili (1).

Après avoir pris une heure et demie de repos, les Russes se remirent sous les armes et s'ébranlèrent. Les troupes de Mangyschlak s'élancèrent à droite de la route, pour attaquer la ville à l'ouest et couper la retraite aux Khiviens en occupant le pont qui traverse le canal de la ville, tandis que les troupes d'Orenbourg suivirent la grande route et se portèrent vers le côté nord de la ville. Une partie de la cavalerie se dirigeait, pendant ce temps, contre le camp retranché établi au sud de la ville, sur les bords de l'Amou-Darja.

Le terrain était coupé partout de rigoles d'irrigation, et les troupes de Mangyschlak eurent à traverser le canal long et profond qui traverse la ville. L'infanterie et l'artillerie longèrent les bords du canal en s'approchant de la ville ; les cavaliers et les tirailleurs refoulèrent à eux seuls les Khiviens, qui, voyant s'avancer tout le corps russe, battirent en retraite par petit groupes sur Khiva et sur les forêts qui environnent Khodjéili.

Les troupes d'Orenbourg arrivèrent sans coup férir jusqu'aux portes de la ville, où le général Werewkin fut reçu par une députation apportant une soumission complète et demandant la protection des Russes. La ville fut épargnée et les troupes y entrèrent tambour battant et musique en tête. Elles furent rejointes presque aussitôt par la cavalerie envoyée contre le camp retranché, qu'elle avait trouvé abandonné.

Les Khiviens et Karakalpakes chargés de défendre le camp avaient passé l'Amou-Darja, les uns en bateau, les autres à la nage, et de là ils tirèrent quelques coups de feu qui blessèrent quelques hommes faisant partie du convoi.

---

(1) Khodjéili, à la même hauteur que l'extrémité sud du lac d'Aïboughir, sur la rive gauche de l'Amou-Darja.

Après avoir campé deux jours à Khodjéili, le corps réuni d'Orenbourg et de Mangyschlak se dirigea le 20 mai/1er juin sur la ville de Mangyt (1). Les Russes ne tardèrent pas à être attaqués très-vivement par des cavaliers et des fantassins youmoudes, traînant avec eux 3 bouches à feu et au nombre d'au moins 3,000 hommes.

Les Khiviens réussirent deux fois à pénétrer dans le convoi, mais repoussés à deux reprises, ils s'enfuirent et furent poursuivis par la cavalerie russe.

La ville de Mangyt fut prise de vive force, détruite et brûlée. Le détachement d'Orenbourg perdit dans cette affaire 1 officier et 15 soldats gravement blessés. Le détachement de Mangyschlak fut moins éprouvé.

Le lendemain, le corps expéditionnaire se porta sur la ville de Kitaï (2) ; il fut harcelé dans sa marche par les Khiviens. Kitaï se rendit sans combat, et les troupes campèrent aux environs pendant que le colonel Skobelev fut chargé de faire, avec 2 sotnias et les fuséens, une razzia contre les aouls des Youmoudes.

Les troupes se remirent peu après en marche en ordre de bataille.

Le 25 mai/6 juin elles campèrent pendant la nuit à Koch-Koupyr, à 20 verstes de Khiva.

Le lendemain 26, le général Werewkin résolut de s'avancer plus encore et de camper à 8 verstes de la ville, sur les bords du canal Khutyr-Touttk.

---

(1) Mangyt, près de la rive gauche de l'Amou-Darja, à 85 verstes de Khiva.

(2) Kitaï, à 65 verstes nord-ouest de Khiva, à 20 verstes au sud de Mangyt.

V

PRISE DE KHIVA

Arrivé à l'étape sur les bords du canal, le général Werew-kin envoya, une avant-garde de 2 sotnias à 2 verstes en avant du camp, avec ordre de refouler l'ennemi vers la ville, mais sans le poursuivre. Cette avant-garde fut attaquée en effet par les Khiviens, que le feu de l'artillerie contraignit aussitôt à se retirer.

Le 27 mai au matin, de fortes colonnes ennemies, qui avaient tourné l'avant-garde à une grande distance, atta-quèrent les ailes des Russes et principalement leur aile gauche. Mais elles furent également défaites et éprouvèrent des pertes considérables.

L'audace déployée par les Khiviens depuis deux jours, amena le général Werewkin à penser que les troupes du gé-néral en chef devaient se trouver encore à une grande dis-tance de Khiva. Il jugea par suite convenable de s'approcher de la ville à portée de canon, pour y prendre position et la bombarder.

Les troupes marchèrent donc en colonne, l'infanterie et l'artillerie en tête, la cavalerie en queue. Le convoi et son escorte firent halte à 4 verstes de Khiva pendant que les troupes se déployaient à droite de la route. Mais dès qu'elles débouchèrent, on vit paraître un nombre considérable de cavaliers khiviens. Le général Werewkin fit alors ranger ses troupes en bataille, mettre en batterie deux pièces d'artillerie montée et quatre d'artillerie à cheval, dont le tir obligea les Khiviens à se retirer en partie dans la ville et en partie vers la droite, en arrière d'un marais, d'où quelques projectiles ne tardèrent pas à les chasser.

Les Russes obliquant à gauche pour rejoindre la route, continuèrent leur mouvement, couverts sur les flancs et en arrière par la cavalerie. Enfin ils aperçurent les murailles de Khiva et s'ébranlèrent pour prendre position ; mais dès que les têtes de colonnes eurent dépassé les murs qui bordaient la route, les canons et les fauconneaux ennemis ouvrirent leur feu.

Pendant que l'artillerie russe éteignait en peu de temps le tir d'abord très-vif des Khiviens, l'infanterie s'avançait sous un feu très-violent de mousqueterie. On reconnut alors que l'ennemi avait installé une batterie à 200 sagènes en avant. Afin d'éviter des pertes inutiles, le général Werewkin donna ordre de s'en emparer, et en chargea deux compagnies du régiment d'Apscheron et deux compagnies du 2e bataillon d'Orenbourg. Ces troupes s'emparèrent de cette batterie.

On put dès lors, comme se l'était proposé le général Werewkin, reconnaître parfaitement la ville. Il résolut donc de reporter ses troupes un peu en arrière. A ce moment, le principal *ischan* arriva au camp russe pour traiter de la paix. On lui posa les conditions suivantes : suspension d'armes du côté des Russes de trois heures ; à l'expiration de ce délai, les notables de la ville remettront aux Russes les canons et les armes se trouvant dans la ville, et comme le général Werewkin n'a pas pouvoir pour traiter, l'*ischan* se rendra auprès du général en chef qui statuera sur le sort de la ville, qui sera immédiatement bombardée si l'on ne reçoit pas de réponse.

On fit occuper alors aux troupes une position sur laquelle on éleva une batterie à démonter et une batterie de mortiers, qui furent achevées dans le courant de la nuit et l'on y régla le pointage des pièces pour le tir de nuit.

A l'expiration du délai, un envoyé de Khiva vînt informer le général que le désordre régnait dans la ville, que les Tourkmènes refusaient d'obéir, que c'était eux qui persistaient à tirer sur les Russes. Le général donna alors l'ordre d'ouvrir le feu, qui dura une heure.

C'est à ce moment qu'on reçut du général en chef l'ordre de cesser le feu jusqu'à nouvel ordre.

L'affaire du 28 avait causé aux troupes d'Orenbourg et de Mangyschlak des pertes assez nombreuses, et parmi les blessés figuraient le général Werewkin et deux officiers supérieurs.

Le lendemain 29, une partie des troupes fut envoyée, en tournant la ville, à la rencontre du corps du Turkestan. Les batteries et leurs soutiens restèrent en position. Sachant que le général en chef voulait entrer dans la ville avec toutes les troupes et informé, d'autre part, que l'on pouvait y craindre des désordres, le général Werewkin autorisa le colonel Constantinowitch à s'emparer des murs de la ville. Cet officier fit établir, à 250 pas de Khiva, une batterie de brèche qui, achevée à dix heures du matin, ouvrit presque aussitôt le feu.

Après vingt-quatre coups, la muraille et la porte étaient enfoncées et permettaient aux soldats de passer par les ouvertures. Deux compagnies déployées des deux côtés des pièces et la batterie de mortiers empêchaient l'ennemi de tirer par les créneaux.

On lança alors à l'assaut la 8e compagnie du régiment de Ssamoursk et la 4e compagnie du bataillon de la ligne d'Orenbourg, qui s'emparèrent en un instant des murs et enlevèrent trois canons.

Mais dès qu'elles eurent dépassé la brèche, elles furent vigoureusement attaquées. Pendant ce temps, on avait tout à fait brisé la porte et l'on avait fait entrer dans la place une section d'artillerie. La compagnie de tirailleurs du 1er bataillon de la ligne d'Orenbourg fut dirigée sur le cimetière, à gauche de la porte, tandis que la 1re compagnie du 2e bataillon se portait sur la droite. Les deux premières compagnies étaient arrivées à un canal et envoyaient quelques coups à mitraille et des fusées contre des groupes armés, quand arriva l'ordre du général en chef de cesser les hostilités.

Les Russes eurent dans cette affaire un officier et dix hommes blessés.

Le 29 mai/10 juin, à deux heures de l'après-midi, les troupes du Turkestan, d'Orenbourg et du Caucase firent leur entrée solennelle dans la ville de Khiva, sous les ordres du général-major Golowatchew, commandant le détachement du Turkestan. Le général de Kauffman, commandant en chef le corps d'expédition, était accompagné par les deux princes de la famille impériale, et escorté par son état-major et par la députation envoyée par la ville de Khiva.

Après avoir fait occuper par les troupes du Turkestan la porte de Khasar-Asp et deux autres portes, il arrêta ses troupes devant le palais du khan, et là les félicita de l'heureuse issue de la campagne.

Le lendemain 30, anniversaire de la naissance de Pierre le Grand, le général en chef assista à des prières pour la santé de l'empereur et à un service funèbre pour le repos de l'âme des soldats tués ou morts pendant l'expédition, puis il alla choisir près de Khasar-Asp l'emplacement d'un camp pour les troupes du Turkestan. Le détachement d'Orenbourg resta dans son ancienne position sur la route de Shah-Abbatt, tandis que les troupes du Caucase se rendirent à un camp situé près de celui des deux autres corps, sur la route de Jéni-Ourghentch à Khiva.

Pendant ce temps, la confiance revenait peu à peu, grâce

aux sages mesures prises par le commandant en chef. Dans les
premiers moments, on ne savait rien de précis sur la direction prise par le khan ; on avait appris seulement qu'il était
chez les Youmoudes, qu'on disait se réunir en masses considérables à Kazavatt et Taschaous. Le général en chef résolut cependant d'écrire au khan en lui conseillant de venir le
trouver. Cette lettre fut expédiée le 1er/13 juin, et le 2 au
soir le khan arrivait au camp du général sans avoir passé
par Khiva. Le général le reçut avec tous les honneurs dus à
son rang et lui laissa le gouvernement du pays, en faisant
toutefois choix des personnages qui devaient lui servir de
conseillers.

. Pendant ce temps et pendant que l'on discutait le traité de
paix, le détachement du Turkestan fut rejoint par la colonne
du major Dreschern, que l'on dirigea alors avec la cavalerie laissée sur la rive droite de l'Amou-Darja, aux passages
de Schéik-Aryk et de Chanki, où la flottille à rames reçut
également l'ordre de se rendre.

Cette expédition a pour but d'étudier le passage de Chanki
et de faire marcher les troupes par une nouvelle route de
Khiva à Chanki, route dont le plan topographique va être
relevé.

De plus, on profita du séjour sous les murs de Khiva pour
expédier des partis qui, se portant sur divers points, devaient
exécuter des travaux astronomiques et topographiques. Un de
ces partis a déjà été envoyé entre Khiva, Schéik-Aryk, Chourakhan, Chanki et Jéni-Ourghentch. En même temps on
s'occupait de rassembler des données géographiques, statis-
tiques, ethnographiques, etc., sur l'oasis de Khiva.

Enfin, s'il faut en croire le *Golos* et les dépêches arrivées
à Saint-Pétersbourg le 12/24 juillet, les conditions de la paix
conclue avec le khan seraient les suivantes :

1º Le khanat de Khiva versera entre les mains du gouvernement russe une contribution de guerre de deux millions de roubles, payables en sept ans ;

2° Comme garantie du payement de cette contribution, les villes de Chourakhan et de Koungrad demeureront occupées jusqu'à cette échéance par les troupes russes ;

3° Le khanat de Khiva conservera son autonomie et le gouvernement du khan actuel ;

4° La rivière de l'Amou-Darja formera désormais la frontière du khanat ;

5° La portion de territoire que le khan possédait sur la rive droite de l'Amou-Darja est cédée, en récompense du concours prêté par lui à l'armée russe, à l'émir de Boukhara ;

6° La peine de mort est abolie dans le khanat ;

7° L'évacuation de la ville de Khiva par les troupes russes du général de Kauffman est fixée au 15/27 août 1873.

VI

FLOTTILLE DE LA MER D'ARAL

Avant de clore le long historique de cette lointaine expédition, il est juste de dire quelques mots de la flottille de la mer d'Aral.

Cette flottille était armée de 13 canons de 4 livres, dont 7 rayés, de 4 obusiers de 10 livres et de 2 caronades de 6 livres. L'équipage se composait de 7 officiers, 1 médecin, 2 topographes et 240 marins et matelots.

Le 17/29 avril une division de cette flottille, le vapeur *Samarcande* remorquant deux barges, et le vapeur *Pérovsky* en remorquant une, arrivèrent sur la barre de l'Amou-Darja, après avoir heureusement traversé la mer d'Aral, et le 27 avril seulement elle pénétra dans la rivière. Le 28 elle entra du.

Kitchiné-Darja dans l'Oulkhoun-Darja, sur la rive droite duquel, et à 4 verstes en amont, se trouvait le fortin d'Ak-Kala, qui engagea immédiatement la canonnade avec les vapeurs ; l'une des pièces de 4 fut même endommagée par un boulet khivien qui blessa et contusionna le commandant de la flottille et sept hommes.

Le combat d'artillerie dura jusqu'à ce que le *Samarcande* fût parvenu à hauteur de la traverse qui couvrait la porte du fort, que l'ennemi évacua aussitôt. L'escadre continua alors à remonter le fleuve. Enfin le 2/14 mai, à 50 verstes de Koungrad, le peu d'élévation des eaux obligea la flottille à s'arrêter.

Malheureusement une reconnaissance de 12 hommes, envoyés pour se mettre en communication avec le détachement d'Orenbourg qui devait être à Koungrad, fut trahie par son guide, livrée aux Khiviens et massacrée.

VII

Sans partager pour cela l'enthousiasme quelque peu exagéré des journaux russes, qui proclament que depuis vingt-deux siècles jamais armée n'a fait une campagne plus glorieuse et plus pénible, on doit rendre justice à l'intelligence déployée par les généraux russes, à l'énergie et à la persévérance de leurs soldats.

A vrai dire, les campagnes d'Alexandre le Grand, le passage des Alpes par Annibal, l'expédition de Bonaparte en Égypte, quelques-unes de nos expéditions en Algérie et, en dernier lieu, l'expédition d'Abyssinie, peuvent, à tous égards, soutenir avec avantage la comparaison avec les dangers et les difficultés de l'expédition de Khiva. Nulle part,

en effet, les descendants de ces hommes qui, conduits par
Tamerlan et Gengis-Khan, conquirent l'Asie et frappèrent de
terreur le monde entier, n'opposèrent une résistance sérieuse ;
quelques coups de canon suffirent toujours pour disperser
leurs bandes et forcer les garnisons à évacuer les places fortes, et la ville de Khiva elle-même se rendit sans combat.
Mais en considérant les distances et la durée des opérations
qui ont conduit au résultat final, il faut avouer que le plan
de campagne a été tracé avec beaucoup d'intelligence et que
les opérations ont été conduites avec beaucoup d'adresse et
de courage. Il y a, il faut bien le dire, des armées qui se
sont signalées en Asie par les exploits les plus brillants et
qui auraient été incapables de faire ce que les Russes vien-
nent d'accomplir.

Des cinq détachements dirigés sur Khiva, un seul n'a pu
remplir sa mission. La colonne du colonel Markosoff a suc-
combé aux excès de la chaleur et a dû rebrousser chemin.
Exposée à un soleil torride, elle est arrivée exténuée sur les
bords de la mer Caspienne.

La marche de la plupart des autres colonnes s'est effectuée
dans les conditions atmosphériques les plus mauvaises. La
différence thermométrique du jour à la nuit était, en moyenne,
de 38 degrés, et le changement instantané.

Quelle que soit notre opinion sur la portée politique de
l'expédition de Khiva, les qualités qui en ont assuré le succès commandent le respect. Les Russes sont aujourd'hui
maîtres des steppes, et depuis la mer polaire jusqu'aux frontières de l'Afghanistan, toute l'Asie reconnaît l'autorité du
czar. Le succès inspirera non-seulement aux Russes une nouvelle confiance en leur armée, mais il facilitera encore sin-
gulièrement leurs progrès futurs. Maîtres de la mer d'Aral,
en possession du bas Amou-Darja, ils peuvent, à chaque

6.

instant, entrer dans le khanat, sans avoir besoin de traverser le steppe et le désert. Ils n'auront pour cela qu'à améliorer la navigation de l'Amou-Darja, et l'on peut dire dès aujourd'hui qu'ils ont acquis un point d'appui solide pour leurs conquêtes à venir dans l'Asie centrale.

TRAITÉ

CONCLU

ENTRE LA RUSSIE ET LE KHAN DE KHIVA

Voici le texte du traité de paix conclu entre le général de Kauffman et le khan de Khiva, à la date du 25 août 1873 :

ART. 1er. Seïd Mohammed Raschin Bahadar-Khan se proclame l'obéissant serviteur de l'empereur de toutes les Russies. Il renonce au droit d'entretenir des relations directes avec les souverains et khans voisins. Il ne conclura jamais de traités de commerce ni autres traités avec ces souverains et khans, et il ne s'engagera pas dans des opérations hostiles contre eux sans la connaissance et la sanction des autorités suprêmes de Russie dans l'Asie centrale.

ART. 2. A partir de Kubertli jusqu'au point où le bras le plus occidental de l'Amou-Darja quitte le principal cours d'eau, cette rivière formera la frontière entre le territoire de Russie et de Khiva. En descendant, la frontière court le long du bras le plus occidental de la rivière jusqu'au lac Aral ;

elle continue le long du bord jusqu'au promontoire d'Ourgu,
et de ce dernier point elle suit la pente du plateau de Oust-
Ourt, le long de l'ancien lit de l'Amou.

Art. 3. Tout le territoire sur la rive droite de l'Amou, ainsi
que les territoires y appartenant et jusqu'ici réputés appar-
tenir au Khiva, avec tous les habitants sédentaires et nomades,
sont cédés par le khan à la Russie. Dans cette cession sont
compris tous les districts qui pourront avoir été conférés par
le khan à des particuliers ou dignitaires. Les anciens pro-
priétaires de ces districts n'auront droit à aucune indemnité
de la part du gouvernement russe, mais le khan est libre de
les indemniser au moyen de terres sur la rive gauche de
l'Amou.

Art. 4. Dans le cas où l'empereur de Russie livrerait une
partie du territoire sis sur la rive droite de l'Amou au khan
de Boukhara, le khan de Khiva reconnaîtra ce dernier souverain comme légitime propriétaire des districts ainsi acquis,
et il s'abstiendra de toute tentative pour rétablir son autorité
dans ces districts.

Art. 5. Les steamers russes et autres navires appartenant
au gouvernement ou à des tiers jouiront des droits de la
navigation libre sur l'Amou. Ledit droit appartiendra exclu-
sivement auxdits navires. Les navires de Khiva ou Boukhara
n'auront la faculté de naviguer sur l'Amou qu'avec la sanction
spéciale des autorités suprêmes russes dans l'Asie centrale.

Art. 6. Les Russes auront le droit de construire des ports
et des quais sur tous les points de la rive gauche de l'Amou
qu'ils jugeront nécessaires ou convenables. Le gouvernement
du khan de Khiva sera responsable de la sécurité de ces
ports ou jetées. Dans le cas où des points semblables auront

été choisis par les Russes, le choix devra être confirmé par les autorités russes suprêmes de l'Asie centrale.

ART. 7. Outre ces ports et jetées, les Russes auront le droit d'avoir des comptoirs et des entrepôts sur la rive gauche de l'Amou. Tous les terrains près de ces comptoirs qui auront été choisis par les autorités suprêmes russes de l'Asie centrale devront être livrés par le gouvernement de Khiva. Ces terrains devront être débarrassés de toute population et être assez spacieux pour permettre la construction de ports et de jetées, de magasins et de bureaux, ainsi que d'habitations pour les employés des comptoirs ou les personnes qui y feront des affaires. Il sera également permis aux Russes d'établir des fermes et de se livrer à des travaux agricoles sur ces terrains. Les comptoirs, avec tous leurs habitants, bestiaux et marchandises, sont placés sous la protection immédiate du gouvernement de Khiva, qui répond de leur sûreté.

ART. 8. Toutes les villes et tous les villages du khanat de Khiva seront à l'avenir ouverts au commerce russe. Les caravanes et les marchandises de Russie seront libres de voyager dans toutes les parties du khanat ; elles jouiront de la protection directe et spéciale des autorités locales. Le gouvernement de Khiva sera responsable de la sécurité des caravanes et des marchandises.

ART. 9. Considérant que les marchands de Khiva n'ont jamais payé de zaket (impôt) sur la route de Kasalinsk ou d'Orenbourg et dans les ports caspiens, les marchands russes faisant le commerce dans le khanat seront également exempts du payement du zaket ou de tout autre impôt sur le commerce, levé dans le Khiva.

Art. 10. Le droit d'envoyer leurs marchandises à travers le khanat, franches de tout droit de transit, est expressément accordé aux marchands russes.

Art. 11. Pour la meilleure surveillance de leur commerce et l'entretien des relations directes avec les autorités locales, les marchands russes seront autorisés à établir des agents dans la ville de Khiva et dans les autres villes du khanat.

Art. 12. Le droit de posséder des biens immeubles dans le khanat est accordé aux sujets russes. La propriété immobilière de cette nature pourra, avec la sanction des autorités russes suprêmes de l'Asie centrale, être passible de la taxe foncière.

Art. 13. Les obligations commerciales mutuelles contractées· par les Russes et les habitants de Khiva devront être consciencieusement remplies par les deux parties.

Art. 14. Toutes plaintes ou réclamations articulées contre des sujets de Khiva par des sujets russes seront examinées par le gouvernement de Khiva et, si elles sont fondées, il y sera fait droit sur-le-champ. Dans le cas où des réclamations mutuelles auraient été faites par des sujets russes ou des sujets de Khiva, on s'occupera tout d'abord de la réclamation russe et il sera statué à cet égard avant même que l'on procède à l'examen de la réclamation du sujet de Khiva.

Art. 15. Toute plainte et réclamation contre des sujets russes habitant le khanat, qui sera articulée par des sujets de Khiva, devra être examinée tout d'abord, et il sera statué à son égard par les autorités russes les plus proches.

Art. 16. Toute personne arrivant de Russie, à quelque na·· tionalité qu'elle appartienne, ne sera pas admise par le gouvernement du khan sur la frontière de Khiva, à moins d'être munie d'une permission russe. Si un criminel russe venait à tenter de se soustraire aux poursuites en se cachant sur le territoire de Khiva, le gouvernement du khan sera tenu d'adopter des mesures pour s'en emparer et de le livrer aux autorités russes les plus proches.

ART. 17. Le manifeste publié le 25 juillet par Seïd Mohammed Raschin Bahadar-Khan, mettant en liberté tous les esclaves du khanat et abolissant pour toujours l'esclavage et le trafic sur les humains, demeure en force et vigueur, le gouvernement du khan s'engageant expressément de toutes ses forces à faire exécuter strictement et consciencieusement les dispositions ci-dessus détaillées.

ART. 18. Une amende de 2,200,000 roubles est par la présente imposée au gouvernement de Khiva pour couvrir les dépenses dans la dernière guerre excitée par le gouvernement et le peuple de Khiva. Toutefois, considérant la rareté de l'argent comptant dans le khanat et plus spécialement dans les coffres du gouvernement ; considérant aussi les difficultés qu'aurait le gouvernement à payer l'amende dans un bref délai, le gouvernement aura l'option de payer la somme intégrale par versement avec 5 pour 100 d'intérêt sur le reste. Dans les deux premières années, le gouvernement de Khiva devra payer 100,000 roubles par an ; dans les deux années d'après, 125,000 roubles par an ; deux années ensuite 175,000 roubles par an ; en l'année 1881, c'est-à-dire dans les neuf ans, 200,000 roubles ; et tous les ans qui suivront, jusqu'à la liquidation définitive de la dette, 200,000 roubles au minimum.

Les payements s'effectueront en lettres de crédit russes ou en monnaie courante khivaise, à l'option du gouvernement de Khiva, et la première échéance sera versée le 13 décembre 1873. Afin de faciliter le payement des premiers termes à échoir, le khan aura l'autorisation de lever cette année des taxes sur tous les habitants de la rive droite de l'Amou, le montant de ces taxes devant être calculé d'après l'étalon actuel de taxation, et la perception devant discontinuer au 13 décembre, à moins qu'une autre date ne soit fixée par les autorités locales russes et khivaises. Les échéances subséquentes se payeront annuellement au 13 novembre, jusqu'à liquidation définitive du capital et de·l'intérêt : de telle sorte qu'après versement fait des 200,000 roubles au 13 novembre 1892, il restera une soulte de 70,054 roubles, laquelle sera liquidée par une remise de 73,557 roubles qui. sera effectuée au 13 novembre 1893. Au cas où il plairait au gouvernement du khan d'abréger les termes de payement, il aura le droit de rendre les échéances annuelles plus fortes qu'elles ne sont fixées par les présentes.

Toutes ces stipulations ont été préparées et accceptées pour servir de règle constante au gouverneur général du Turkestan, adjudant général von Kauffman, et au souverain de Khiva, Seïd Ier, Mohammed Raschin Bahadar-Khan, et pour être par eux consciencieusement accomplies.

Fait et conclu dans les jardins de Gendemain, siége du camp russe de Khiva, le 25 août 1873, premier jour du mois de Radshab de l'année de l'hégire 1290.

Signé : (L. S.) VON KAUFFMAN.
Signé : (L. S.) SEÏD MOHAMMED RASCHIN BAHADAR-KHAN.

890 — Paris, Imp. A. Dutemple, rue des Canettes, 7.

ASIE CENTRALE

—

KHIVA

&

TURKESTAN RUSSE

— · —

La verste
vaut 1:067

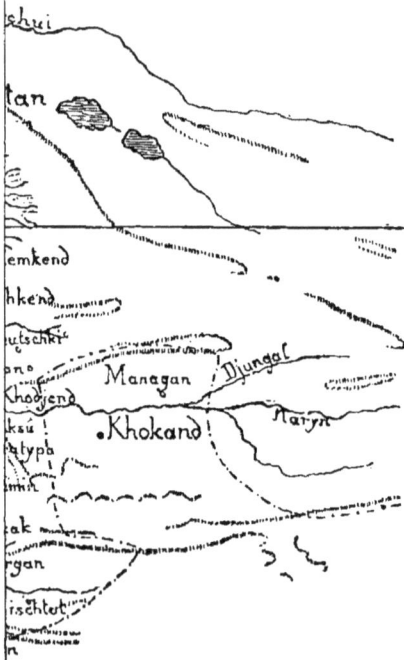

Echelle

Varales

ITINÉRAIRES

d'Orenbourg   Détach" réunis de'
de Manghischlak Manghischlak et d'Orenbourg

e Krasnowodsk

de Kasalinsk   Détach' du — . — + —
de Djisak   Turkestan

Daria

l-Kum   Tachkent
                         (1" Mars)

el Koudouk
    au 11 Avril)
   Baly-Saldyr   Khodjent (1" Mars)
ars)   +—o Djisak
            Oura-Tioubé
            (1" Mars)

markand

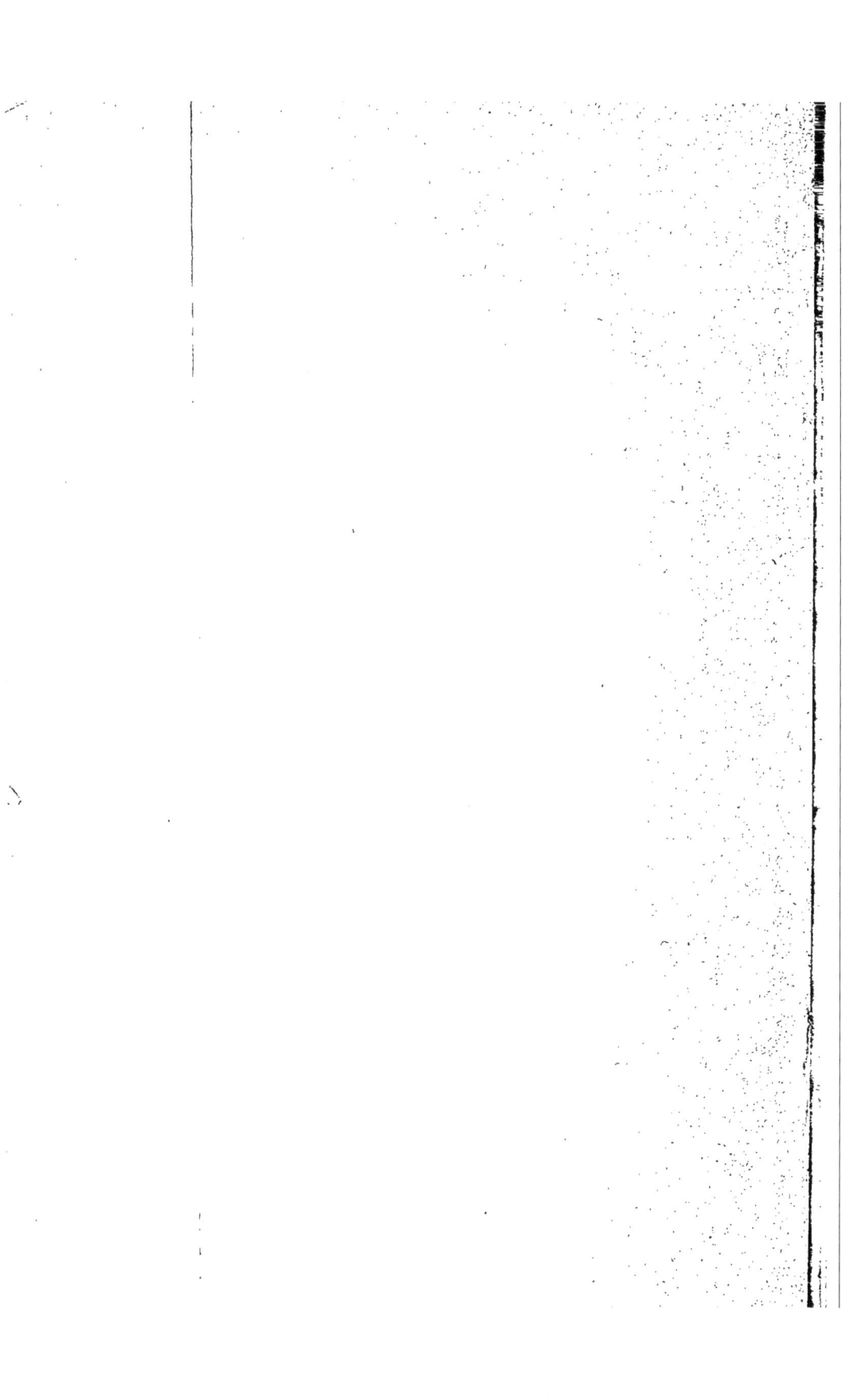

www.ingramcontent.com/pod-product-compliance
Lightning Source LLC
Chambersburg PA
CBHW070913280326
41934CB00008B/1699